Cupcake-Deko-Lab

52 Techniken, Rezepte und inspirierende Designs für Ihre liebsten Naschereien.

Bridget Thibeault

EDITION FISCHER

Inhaltsverzeichnis

Einleitung

IN MEINER KONDITOREI LUNA stellen wir all unsere Cupcakes und Zuckergüsse jeden Tag unter Zuhilfenahme der besten Zutaten selbst her. Mir ist es sehr wichtig, alles selbst zu machen und qualitativ hochwertige, frische Zutaten zu verwenden, und ich hoffe, dass dieses Buch Sie dazu inspirieren wird, dasselbe zu tun. Doch ich bin auch eine viel beschäftigte Mutter und mir ist bewusst, dass Backen und Verzieren Zeit kostet. Dies ist einer von vielen Gründen, warum ich Cupcakes liebe. Sie sind schnell zuzubereiten und sie zu dekorieren ist um einiges weniger aufwendig, als eine große Torte zu schmücken.

Dieses Buch ist voll mit einfachen und kreativen Ideen, Cupcakes herzustellen, die hübsch aussehen und für viele Anlässe infrage kommen. Manche Designs sind Kunstwerke, andere sind einfache, niedliche Ideen. Haben Sie erst einmal die Grundlagen gemeistert, wird dieses Buch Sie ermutigen, sich an anderen, „professionellen" Techniken zu versuchen, wie z. B. dem Basteln von Zuckerblumen, Verzierungen mit dem Spritzbeutel sowie dem Herstellen einer Cupcake-Torte. Außerdem gibt es Tipps, mit denen Sie Zeit sparen und kleine Details und Verzierungen vorab zubereiten können. Zum Schluss zeige ich Ihnen einige Ideen, um Ihre Cupcakes zeitgemäß zu präsentieren, indem Sie Dinge wie Schnapsgläser, Einmachgläser oder Espressotassen verwenden. Kombinieren Sie am besten mehrere dieser Vorschläge, um eine zauberhafte Tafel voller Desserts zu kreieren. Viel Spaß mit diesem Buch und genießen Sie die Cupcakes!

Grundausstattung zum Backen

Zur Grundausstattung, die Sie zur Herstellung von Cupcakes benötigen, gehören eine Cupcake-Backform, Papierförmchen, ein Eiskugelportionierer, ein Handmixer, Rührschüsseln, Palettenmesser, ein Schneebesen, Messbecher, Messlöffel, ein Küchensieb, Backbleche und ein mittelgroßer Kochtopf.

Grundausstattung für einfache Verzierungen

Für die Grundausstattung zum Verzieren von Cupcakes benötigen Sie ein Palettenmesser (10 cm), Spritzbeutel (36–46 cm), eine kleine Bastelschere, Spritztüllen (z. B. von Ateco oder Wilton), Lebensmittelfarbe als Gel oder Paste, Zahnstocher, kleine, mikrowellengeeignete Schüsseln, Verzierungen wie Streusel, Sandzucker, essbare Perlen und bunte Liebesperlen, einen kleinen Pergamentspritzbeutel, kleine Pinsel, Pergament- oder Wachspapier, Rührschüsseln in verschiedenen Größen, eine Pinzette, ein Schälmesser und ein Schneidebrett.

Zudem Zubehör für die Zuckerblumen und das Fondant gehören ein Nudelholz, runde Ausstechförmchen, gewellte runde Ausstechförmchen, ein Backpinsel, bunter Fondant und Blütenpaste, einen Teig- oder Pizzaschneider, Schablonen; Farbpulver Petal Dust oder Luster Dust, ein Blumen-Ausstechset (2,5–7,5 cm), eine Schaumstoff-Unterlage zum Modellieren, ein Modellierstab (Kugel), ein Eierkarton oder Alufolie, Fondant-Formen für Blumen, einen Blatt-Veiner und essbarer Kleber oder Eiweiß.

Zubehör für die Sonderkurse

Zusätzliche Materialien, die nur für einzelne Kurse gebraucht werden, sind eine Surfbrett-Ausstechform, ein kleiner Eiskugelportionierer, ein Fondue-Topf, Spieße, ofenfeste Espressotassen, zwei lebensmittelechte Dosierflaschen, Zuckerwürfel, ein Whiskeyglas, ein Kleid als Ausstechform, eine Backform für Riesen-Cupcakes und extragroße Papierförmchen, Zuckerblumen, Schnapsgläser, Backformen für Mini-Cupcakes mit Mini-Papierförmchen, Einmachgläser, Behälter für Schiebeeis, eine Mini-Kuchenform, ein Kuchengitter, ein Schöpflöffel, Cupcake-Förmchen aus Silikon oder Soufflé-Förmchen aus Porzellan, ein Bräter; eine Fondant-Form aus Silikon zum Modellieren, eine Relief-Backmatte, verschiedene Gummistempel, Terrakotta-Töpfe (7,6 cm); und eine antihaftbeschichtete Form für Mini-Donuts.

Grundlagen für die Arbeit mit Zuckerguss

EIN CUPCAKE IST EINE KÖSTLICHE LECKEREI und benötigt oft keine ausgefallene Verzierung. Eine einfache Spirale oder eine glänzende Glasur können schon das gewisse Etwas sein, um einer Party, Hochzeit oder Desserttafel zusätzlichen Glanz zu verleihen. Fügen Sie Streusel hinzu, um das Ganze festlich abzurunden.

In diesem Kapitel werden Sie die Grundlagen für die Arbeit mit verschiedenen Arten von Zuckerguss erlernen. Diese Cupcakes sind für sich genommen bereits perfekt, können aber auch als Ausgangspunkt für noch kunstvollere Designs dienen.

Verzieren mit Buttercreme

- Cupcakes
- Buttercreme (Rezept siehe Seite 133)
- Palettenmesser (10 cm)

Es gibt viele Möglichkeiten, einen Cupcake mit Buttercreme-Zuckerguss zu überziehen – man kann dabei nichts falsch machen. Mit ein bisschen Übung können Sie Ihre eigene Methode entwickeln und entscheiden, was für Sie am besten funktioniert. In diesem Kurs zeige ich Ihnen eine einfache Methode, Cupcakes mit Zuckerguss zu überziehen. Und wenn Sie mit dem Endergebnis nicht vollständig zufrieden sind, können Sie das Ganze mit Streuseln abrunden und kleine Fehler überdecken.

Tipp

Benutzen Sie einen Eiskugelportionierer, um einen schönen runden Klecks Buttercreme auf jedem Cupcake zu platzieren. Außerdem wird so auf all Ihren Cupcakes die gleiche Menge Zuckerguss sein!

Los gehts!

(A) *Platzieren Sie den Klecks in der Mitte des Cupcakes.*

1. Geben Sie einen großen Klecks Buttercreme auf die Mitte des Cupcakes (siehe A).

2. Benutzen Sie das Palettenmesser, um die Buttercreme im Uhrzeigersinn einmal ganz um den Cupcake herumzuziehen (siehe B).

3. Streichen Sie gegen den Uhrzeigersinn zurück, während Sie sich der Mitte des Cupcakes nähern (siehe C).

(B) *Verschmieren Sie die Creme im Uhrzeigersinn.*

(C) *Streichen Sie zur Mitte hin zurück.*

Buttercreme aus dem Spritzbeutel

- Cupcakes
- Buttercreme (Rezept siehe Seite 133)
- Spritzbeutel (36–46 cm)
- Große runde oder sternförmige Spritztülle (z. B. Nr. 806 oder Nr. 826 von Ateco)
- Schere
- Löffel oder Pfannenwender

Buttercreme, in einer Spirale auf einen Cupcake gespritzt, sieht sehr professionell. Sie können eine runde oder sternförmige Spritztülle verwenden – experimentieren Sie mit unterschiedlichen Größen. Üben Sie zuerst auf einem Stück Back- oder Wachspapier, nehmen Sie dann den Zuckerguss mit der Spritztüte wieder auf und verwenden Sie ihn erneut.

Füllen des Spritzbeutels

Formen Sie mit Ihrer Hand ein umgekehrtes „C". Legen Sie den oberen Rand des Spritzbeutels über Ihre Hand und füllen Sie ihn mit der Creme. Drehen Sie die Öffnung des Beutels zusammen und befestigen Sie diese mit einem Verschlussclip oder Frischhaltefolie, damit der Zuckerguss nicht am hinteren Ende herausquillt. Um den Beutel mit Folie zu verschließen, nehmen Sie ein Stück Frischhaltefolie, rollen es zu einer Schnur und knoten diese dann um den Beutel.

Los gehts!

(A) *Löffeln Sie den Zuckerguss in den Spritzbeutel.*

(B) *Spritzen Sie einen Kreis.*

(C) *Spritzen Sie eine weitere Schicht auf den Kreis.*

1. Schneiden Sie ein kleines Loch in die Spitze des Spritzbeutels, das genau so groß ist, dass Sie die Spritztülle von innen durchschieben können. Platzieren Sie die Spritztülle im Spritzbeutel.

2. Löffeln Sie den Buttercremezuckerguss in den Spritzbeutel, bis der Beutel halbvoll ist (siehe A).

3. Halten Sie den Beutel senkrecht in einem Winkel von neunzig Grad etwa 6 mm von der Mitte des Cupcakes entfernt. Spritzen Sie den Zuckerguss im Uhrzeigersinn kreisförmig von der Mitte bis zum äußeren Rand des Cupcakes (siehe B).

4. Spritzen Sie eine weitere Schicht auf den soeben gezogenen Kreis und nähern Sie sich wieder der Mitte (siehe C).

5. Nehmen Sie den Druck vom Spritzbeutel und ziehen Sie ihn zügig zur Seite, um einen sauberen Abschluss zu erhalten. Wenn Sie den Spritzbeutel gerade nach oben wegziehen, erhalten Sie einen kleinen Zipfel auf Ihrem Zuckergusshäubchen (siehe D).

(D) *Reduzieren Sie den Druck und ziehen Sie den Spritzbeutel weg.*

Buttercreme *färben*

- Buttercreme (siehe Rezept auf Seite 133)
- Lebensmittelfarbe als Gel oder Paste
- Eine kleine mikrowellenfeste Schüssel
- Ein Löffel oder Pfannenwender
- Zahnstocher

Buttercreme kann man sehr leicht färben, aber es gibt ein paar Tipps, die man beachten sollte, um das beste Farbergebnis zu erreichen. Ich versuche beim Backen immer so natürlich wie möglich vorzugehen, aber wenn man eine farbenfrohe Buttercreme verwenden will, braucht man Lebensmittelfarbe. In diesem Kurs werden Sie lernen, wie man durch das gemeinsame Erwärmen von Lebensmittelfarbe und Buttercreme die endgültige Farbe intensivieren kann und dadurch weniger Lebensmittelfarbe verwenden muss.

Lebensmittelfarbe

Verwenden Sie keine flüssige Lebensmittelfarbe. Lebensmittelfarbe als Gel oder Paste erhalten Sie in Ihrem Bastelshop oder in der Backwarenabteilung eines Kaufhauses. Deren Farbe ist viel intensiver und der Geschmack dezenter. Gels oder Pasten enthalten außerdem weniger Wasser, sodass sie die Konsistenz Ihrer Buttercreme nicht beeinträchtigen. Gels vermischen sich leichter als Pasten. Dosierflaschen – falls erhältlich – verursachen weniger Schmutz.

Los gehts!

(A) Geben Sie Lebensmittelfarbe als Gel (oder Paste) zur Buttercreme.

(B) Gut umrühren.

1. Geben Sie einen Klecks Buttercreme in eine mikrowellenfeste Schüssel. Benutzen Sie einen Zahnstocher, um die gewünschte Menge Lebensmittelfarbe als Gel (oder Paste) hinzuzufügen (siehe A). Erwärmen Sie das Gemisch 10 Sekunden in der Mikrowelle. Alternativ können Sie es auch mithilfe eines Wasserbades schmelzen lassen.

2. Die farbige Buttercreme ist nun flüssig. Rühren Sie die Creme um. Die Farbe sollte nun sehr viel intensiver sein als die von Ihnen gewünschte (siehe B).

3. Fügen Sie die farbige Buttercreme zur übrigen Buttercreme hinzu und verrühren Sie beide miteinander (siehe C).

4. Sollten Sie eine intensivere Farbe wünschen, wiederholen Sie den Vorgang. Möchten Sie eine blassere Farbe haben, geben Sie etwas mehr weiße Buttercreme hinzu.

5. Ihre Buttercreme könnte aufgrund der Wärme zu weich für den Spritzbeutel sein. Stellen Sie in diesem Fall die Creme für einige Minuten in den Kühlschrank oder bereiten Sie die farbige Buttercreme schon vor der Verarbeitung vor.

(C) Geben Sie die farbige Creme zur weißen Buttercreme.

Gestreifte Buttercreme

- Cupcakes
- Buttercreme in zwei Farben (Rezept siehe Seite 133)
- Ein Spritzbeutel (36–46 cm) mit einer großen Sternentülle (z. B. Nr. 826 von Ateco)

Farbige Buttercreme wird jeden Cupcake verschönern. In diesem Kurs lernen Sie, wie Sie mit Buttercreme zwei- oder mehrfarbige Streifen mit einem Spritzbeutel kreieren. Diese Methode kann auch mit verschiedenen Nuancen einer einzigen Farbe angewandt werden, um realistisch wirkende Blumen, Blätter oder andere Designs herzustellen.

Tipp

Mehrfarbige Streifen erhalten Sie, indem Sie dünne Streifen vieler verschiedener Farben in einen Spritzbeutel füllen.

Los gehts!

(A) *Füllen Sie eine Farbe in den Spritzbeutel.*

(B) *Geben Sie die zweite Farbe hinein.*

(C) *Beginnen Sie mit dem auftragen.*

1. Füllen Sie die Buttercreme mit der ersten Farbe auf einer Seite von der Spitze bis zum Ende in den Spritzbeutel. Lassen Sie die Buttercreme dabei nicht die andere Seite des Beutels berühren (siehe A).

2. Füllen Sie die Buttercreme mit der zweiten Farbe auf der gegenüberliegenden Seite in den Spritzbeutel (siehe B).

3. Verschließen Sie den Beutel und spritzen Sie die Buttercreme im Uhrzeigersinn kreisförmig von innen nach außen auf den Cupcake (siehe C und D). Spritzen Sie eine weitere Schicht darauf, indem Sie sich wieder der Mitte nähern.

4. Nehmen Sie den Druck vom Spritzbeutel und ziehen Sie ihn zügig quer zur Seite, um einen sauberen Abschluss zu erhalten. Wenn Sie den Spritzbeutel gerade nach oben wegziehen, erhalten Sie einen kleinen Zipfel auf Ihrem Zuckergusshäubchen.

(D) *Schließen Sie den Kreis aus Zuckerguss.*

Glasur aus Schokoladen-ganache

- Cupcakes
- Ganache (Rezept siehe Seite 135)
- Geschmolzene weiße Schokolade
- Streusel oder essbares Konfetti
- Palettenmesser (10 cm)
- Ein kleiner Spritzbeutel aus Pergament

Eine Ganache ist bei Schokoladenliebhabern besonders beliebt und wirkt aufgrund der glänzenden Glasur sehr raffiniert. Verzieren Sie den Cupcake zum Schluss mit einer einzelnen Himbeere oder beträufeln Sie ihn mit weißer Schokolade. Unser Love-Cupcake ist die ideale Leckerei, um den Jahres- oder Valentinstag zu feiern.

Tipp

Für Schriftzüge muss Schokolade genau die richtige Temperatur und Konsistenz haben – nicht zu flüssig und nicht zu fest. Üben Sie zunächst auf Pergamentpapier. Lebensmittelfarbe in kleinen Tuben eignet sich gut als Ersatz.

Weitere Ideen

Wenn sie ein alternatives Design kreieren wollen, stellen Sie die Ganache in den Kühlschrank oder lassen Sie sie bei Raumtemperatur abkühlen, bis sie dick genug für den Spritzbeutel ist. Füllen Sie die Masse in den Beutel und spritzen Sie so wie im Kurs 2 erklärt (siehe Seite 12). Mehr zu dieser Methode können Sie auch im Kurs 27 (siehe Seite 72) nachlesen.

Los gehts!

(A) Tunken Sie den Cupcake in die Ganache.

1. Stellen Sie zunächst die Ganache her und verwenden Sie sie, solange sie noch warm ist. Sollte die Ganache kalt sein oder Raumtemperatur haben, erwärmen Sie sie in der Mikrowelle oder im Wasserbad, bis sie flüssig ist.

2. Falls nötig, schneiden Sie den Cupcake oben so zu, dass er eine flache, leicht kuppelartige Oberfläche hat.

3. Tunken Sie den Cupcake in die Ganache (siehe A). Lassen Sie die überschüssige Ganache ein paar Sekunden lang abtropfen (siehe B).

4. Drehen Sie den Cupcake wieder richtig herum, damit die Ganache trocknen kann. Streichen Sie Unebenheiten mit dem Palettenmesser glatt (siehe C).

5. Füllen Sie den Spritzbeutel mit warmer weißer Schokolade und spritzen Sie eine Verzierung auf (siehe D).

6. Bestreuen Sie den Cupcake zuletzt mit essbarem Konfetti oder Streuseln.

(B) Lassen Sie überschüssige Ganache abtropfen.

(C) Streichen Sie Unebenheiten glatt.

(D) Verzieren Sie den Cupcake mit weißer Schokolade.

Mit Zuckerguss Übergießen

- Cupcakes
- Royal Icing oder Fruchtglasur (Rezepte siehe Seite 136 und 135)
- optional: Frisches Obst als Dekoration
- Palettenmesser (10 cm)

Cupcakes mit Zuckerguss zu übergießen ist eine sehr einfache Methode, ihnen ein glänzendes Finish zu geben. Das ist zwar nicht die klassische Variante mit Buttercreme, Sie können den Cupcake jedoch mit einer köstlichen Überraschung füllen – Buttercreme, Marmelade, Ganache oder Zitronencreme wie Lemon Curd.

Tipp

Wenn Sie verhindern wollen, dass der Zuckerguss über den Rand läuft, dicken Sie ihn mit Puderzucker an, bis er seine Form behält, und verteilen Sie ihn dann auf dem Cupcake.

Los gehts!

(A) Testen Sie die Konsistenz des Zuckergusses.

(B) Verteilen Sie den Zuckerguss auf dem Cupcake.

1. Überprüfen Sie, ob der Zuckerguss flüssig genug ist und sich vom Palettenmesser löst. Nur so kann er sauber auf dem Cupcake verteilt werden (siehe A).

2. Beginnen Sie in der Mitte des Cupcake, den Zuckerguss auf der gesamten Oberfläche mit dem Palettenmesser zu verteilen (siehe B).

3. Verteilen Sie den Zuckerguss bis zum Rand des Cupcakes. (siehe C).

4. Verzieren Sie den Cupcake mit frischem Obst, falls gewünscht.

5. Alternativ können Sie den Cupcake auch wie in Kurs 5 (Seite 18) in den Zuckerguss tunken.

(C) Tragen Sie den Zuckerguss bis zum Rand auf, ohne das Förmchen zu beschmutzen.

Gezuckerte
Blumen & Früchte

IN DIESEM KAPITEL lernen Sie verschiedene Methoden kennen, frisches Obst und essbare Blumen zu kandieren und zu zuckern. Ihre natürliche Schönheit und ihr großartiger Geschmack machen Sie zu herrlichen Verzierungen für Cupcakes. Um sich der jeweiligen Jahreszeit anzupassen, gibt es Rezepte mit Beeren für den Sommer und Zitrusfrüchte für den Winter. Die Blumen können schon Monate im Voraus hergestellt und dann das ganze Jahr über verwendet werden.

KAPITEL 2

Gezuckerte Beeren

- Glasierte Cupcakes
- Beeren (z. B. Himbeeren, Blaubeeren und Brombeeren)
- Feinster Zucker
- Eiweiß
- Zahnstocher
- Ein kleiner Pinsel
- Back- oder Wachspapier

Beeren sind hübsch anzusehen und benötigen während der Saison keine zusätzlichen Verzierungen. Aber wenn sie auch in den restlichen Monaten verwendet werden, werden sie am besten glasiert oder mit Zucker mazeriert, um ihren Geschmack hervorzuheben. In diesem Kurs lernen Sie, Beeren zu zuckern, damit sie festlicher aussehen.

Tipp

Um feinsten Zucker oder auch Streuzucker selbst herzustellen, geben Sie Kristallzucker für 1–2 Minuten in einen mit einer Metallschneide ausgestatteten Mixer. Der Zucker sollte danach pulverförmig und um einiges feiner sein als zuvor.

Los gehts!

(A) *Spießen Sie das Obst auf den Zahnstocher.*

(B) *Pinseln Sie es anschließend mit Eiweiß ein.*

(C) *Bestreuen Sie das Obst mit Zucker.*

1. Spießen Sie eine Beere auf einen Zahnstocher (siehe A).

2. Bepinseln Sie die Beere nun mit einer dünnen Schicht Eiweiß (siehe B).

3. Lassen Sie etwas Zucker auf die Beere rieseln, während Sie sie drehen (siehe C).

4. Fahren Sie fort, die Beere beim Drehen mit Zucker zu bestreuen.

5. Lassen Sie die Beeren mindestens 30 Minuten auf Back- oder Wachspapier trocknen.

6. Verzieren Sie Ihre Lieblingscupcakes damit.

Zuckern Sie Ihr Lieblingsobst

Kleine Früchte wie Seckel-Birnen, Zwetschgen, Weintrauben und Miniäpfel sehen am besten aus, wenn sie gezuckert sind. Bepinseln Sie das Obst mit Eiweiß und rollen Sie es im Zucker. Verwenden Sie diese größeren Früchte, um Kuchen zu verzieren, oder stellen Sie sie als Dekoration in einer schönen Schüssel auf die Tischmitte.

Ein Korb voller Pfirsiche

- Cupcakes
- Buttercreme (Rezept siehe Seite 133) in Orange, Rot und Gelb
- Weißer Sandzucker
- Schokoladenzigarette oder Ähnliches als Stengel
- Blätter aus Fondant
- Palettenmesser (10 cm)
- Eine Schere

Ein Korb voller Cupcakes, die mindestens so lecker schmecken wie echtes Obst, ist eine wunderbare Ergänzung für ein Picknick. In diesem Kurs stellen Sie Pfirsich-Cupcakes her, die Methode eignet sich jedoch auch für jede andere runde Frucht. Und wenn Sie Ihre Cupcakes so richtig strahlen lassen wollen, nutzen Sie die aufgeführte Methode zum Zuckern der Buttercreme.

Tipp

Echte Minzblätter können als Ersatz für Blätter aus Fondant dienen.

Los gehts!

(A) Streichen Sie gelbe Buttercreme auf.

(B) Fügen Sie etwas rote Buttercreme hinzu.

(C) Tunken Sie den Cupcake in Zucker.

1. Glasieren Sie die Hälfte des Cupcakes mit orangefarbener Buttercreme.

2. Glasieren Sie die andere Hälfte des Cupcakes mit gelber Buttercreme (siehe A).

3. Geben Sie einen Klecks roter Buttercreme hinzu und mischen Sie die Farben so durcheinander, dass die Farbgebung einem echten Pfirsich nachempfunden ist (siehe B).

4. Tunken Sie die Oberfläche des Cupcakes zum Ummanteln in den Sandzucker (siehe C).

5. Halbieren Sie die Schokoladenzigaretten für die Stiele.

6. Legen Sie jeweils einen Stiel und ein Blatt auf einen Cupcake (siehe D).

Weitere Ideen

Füllen Sie einen ganzen Korb mit gemischtem Obst, indem Sie Zuckerguss in den entsprechenden Farben für Äpfel, Pfirsiche, Zwetschgen, Orangen und Zitronen verwenden.

(D) Fügen Sie einen Stiel und ein Blatt hinzu.

Kandierte Blumen

- Glasierte Cupcakes
- Essbare Blumen (ungiftig und biologisch angebaut), z. B. Veilchen, Stiefmütterchen, Kamille und Rosen
- Eiweiß
- Feinster Zucker
- Schere
- Pinzette
- Kleiner Pinsel
- Back- oder Wachspapier

Kandierte oder kristallisierte Blumen sind eine wunderschöne Verzierung für Cupcakes, die zum Nachmittagstee, einem Mädelsabend oder einem formellen Mittagessen gereicht werden. Dieses Projekt kann man wunderbar vorbereiten, da sich kandierte Blumen monatelang halten. Achten Sie darauf, bei Ihrem Floristen oder auf dem Markt nach ungiftigen, biologisch angebauten Blumen zu fragen – besonders auf Bauernmärkten sollten Sie fündig werden.

Kandierte Blumen lagern

Kandierte Blumen halten sich bis zu drei Monate, wenn sie richtig gelagert werden. Achten Sie darauf, dass die Blumen vor dem Verpacken vollständig getrocknet sind, was je nach Größe der Blume zwei bis drei Tage dauern kann. Legen Sie die Blumen nebeneinander auf Pergamentpapier und lagern Sie sie bei Raumtemperatur in einem luftdichten Behälter.

Los gehts!

1. Kürzen Sie die Blumenstiele bis auf 1,5 cm.

2. Verflüssigen Sie das Eiweiß mit ein paar Tropfen Wasser.

3. Nehmen Sie mit der Pinzette eine Blume auf und bepinseln Sie sie vollständig mit einer dünnen Schicht Eiweiß (siehe A).

4. Bestreuen Sie die Blume mit etwas Zucker; schütteln Sie sie dann anschließend leicht, um überschüssigen Zucker zu entfernen (siehe B).

5. Legen Sie die Blume auf ein Stück Pergamentpapier und lassen Sie sie einige Stunden trocknen.

6. Danach können Sie damit nach Lust und Laune Ihre Lieblings-Cupcakes dekorieren.

GEGENÜBER: Diese Cupcakes wurden mit einer dicken Schicht Royal Icing (Eiweißspritzglasur) überzogen (siehe Seite 136).

(A) Bepinseln Sie die Blume mit Eiweiß.

(B) Bestreuen Sie die Blume mit etwas Zucker.

Kandierte Zitrusfrucht-scheiben

Sie brauchen

- Glasierte Cupcakes
- Zitrusfrüchte wie Zitronen, Limetten, Orangen oder Kumquats
- Zucker
- Sandzucker

Man kann Zitrusfrüchte auf verschiedenste Art und Weise schneiden, um sie zu kandieren – jede Variante ist köstlich. Kandierte Zitrusfrüchte sehen ausgefallen aus, sind aber einfach herzustellen und halten lange. In diesem Kurs werden Sie Zitrusfrüchte in ihrem eigenen Zitrussirup lagern und als Cupcake-Verzierung verwenden. Sie können die Scheiben jedoch auch trocknen und in Zucker wälzen, um eine bissfestere Version zu erhalten.

Tipps

- Nutzen Sie zusätzlich Sirup, um Cupcakes oder Kuchenschichten zu bestreichen oder Getränken Geschmack hinzuzufügen.

- Wenn Sie Zitrusfruchtscheiben trocknen lassen wollen, legen Sie sie auf ein Gitter, anstatt die kandierte Frucht in Sirup einzulegen. Lagern Sie die Frucht danach in einem luftdichten Behälter.

Los gehts!

1. Schneiden Sie die gesamte Zitrusfrucht in 6 mm dicke Scheiben und entfernen Sie die Kerne.

2. Legen Sie die Scheiben zur Reduktion des bitteren Geschmacks in einen Topf und füllen Sie soviel kaltes Wasser ein, dass sie gerade bedeckt sind. Lassen Sie das Wasser aufkochen, gießen Sie es ab und wiederholen Sie den Vorgang. Nehmen Sie die Scheiben aus dem Topf.

3. Geben Sie nun wieder die gleiche Menge Wasser, die Sie vorher zum Bedecken der Scheiben benötigt haben, hinzu sowie die gleiche Menge an Zucker. Den Sud aufkochen lassen. Sobald sich der Zucker aufgelöst hat, die Obststücke hineingeben. Lassen Sie die Scheiben mindestens 30 Minuten sieden, anschließend den Inhalt abkühlen lassen.

4. Lagern Sie die Scheiben im Sirup liegend im Kühlschrank. Gießen Sie den Sirup ab, bevor Sie das Obst verwenden.

5. Verwenden Sie bei der Dekoration unterschiedliche Methoden. Tunken Sie die Ränder von halbierten Limetten oder Kumquats in Sandzucker (siehe A). Schneiden Sie einen Schlitz in ein Stück Orange und drehen Sie es wie eine Rose ein (siehe B). Platzieren Sie die kandierten Zitrusfrüchte auf den Cupcakes.

Zitruslocken

Entfernen Sie lange Streifen der Schale mit einem Gemüseschäler. Schneiden Sie die Streifen nun mit einem Schneidemesser auf eine Breite von 6 mm zurecht. Fahren Sie mit Schritt 2 fort.

(A) Zuckern Sie die Ränder.

(B) Schneiden Sie die Frucht ein und drehen Sie eine Rose daraus.

Fondant

AUSGEROLLTER FONDANT IST EIN ZUCKERTEIG, der jahrelang hauptsächlilch für das Verzieren von Hochzeitstorten genutzt wurde. In letzter Zeit ist Fondant eine immer beliebtere Zutat für einfache Tortenverzierungen, Kekse und Cupcakes geworden. Er enthält Gelatine, sodass der Teig leicht zu verarbeiten ist, ausgerollt und zu Figuren geformt werden kann. Fondant ist leicht herzustellen, aber ich ziehe es vor, einen qualitativ guten Fondant zu kaufen, der lecker schmeckt und sich gut verarbeiten lässt. In diesem Kapitel lernen Sie, wie man Cupcakes mit Fondant überzieht, wie Modellierformen und eine Relief-Backmatte verwendet werden und wie man Fondants für Cupcakes verziert.

Mit Fondant überziehen

- Cupcakes
- Fondant
- Speisestärke
- Buttercreme (Rezept siehe Seite 133)
- Nudelholz für Fondant
- Runde Ausstechform (Ø 5,5 cm)
- Backpinsel oder Farbpinsel
- Palettenmesser (10 cm)

Fondant eignet sich wunderbar für das Überziehen von Torten und Cupcakes. Er gibt Ihnen die Möglichkeit, Ihrem Kunstwerk eine schöne, glatte Basis zu geben – ähnlich wie die Leinwand für einen Künstler. Danach gibt es endlose Möglichkeiten, damit weiterzuarbeiten. Und Kinder lieben die etwas festere, marshmallowartige Struktur und den Geschmack! Zwei Beispiele sehen Sie unten: Die oberen Bilder sind aus Kurs 12 (siehe Seite 36), die unteren aus Kurs 22 (siehe Seite 60).

Weitere Ideen

Versuchen Sie, anstatt der Buttercreme Ganache oder Marmelade unter dem Fondant zu verwenden. Sollte die Marmelade klumpig sein, verdünnen Sie sie mit einigen Tropfen heißen Wassers, sodass sich die Marmelade leichter verstreichen lässt.

Los gehts!

(A) *Arbeitsfläche mit Speisestärke bestäuben.*

1. Kneten Sie den Fondant, bis er formbar ist. Verteilen Sie etwas Speisestärke auf der Arbeitsfläche, damit der Fondant nicht kleben bleibt (siehe A). Rollen Sie den Fondant 6 mm dick aus und achten Sie darauf, dass er nicht kleben bleibt. Geben Sie mehr Speisestärke auf die Arbeitsfläche, wenn nötig.

2. Stechen Sie mit dem Keksausstecher einen Kreis aus dem Fondant. Ihr Ausstecher sollte dieselbe Größe wie die Oberfläche Ihres Cupcakes haben (siehe C). Entfernen Sie überschüssige Speisestärke mit einem trockenen Pinsel.

3. Streichen Sie mit dem Palettenmesser eine dünne Schicht weicher Buttercreme auf den Cupcake (siehe D).

4. Platzieren Sie den Kreis aus Fondant darauf und glätten Sie Oberfläche und Ränder des Cupcakes (siehe E).

(B) *Den Fondant ausrollen.*

(C) *Einen Kreis ausstechen.*

(D) *Buttercreme auf dem Cupcake verteilen.*

(E) *Den Kreis auf dem Cupcake platzieren und glätten.*

Tipps

- Puderzucker ist eine gute Alternative zur Speisestärke. Speisestärke ist jedoch trockener und enthält keinen Zucker, der den Fondant klebrig machen kann.

- Sollte Ihr Cupcake eine kuppelförmige Oberfläche haben, schneiden Sie diese zurecht, bevor Sie sie mit Zuckerguss überziehen.

- Füllen Sie ein Tee-Ei mit Speisestärke, um eine Oberfläche zu bestäuben (siehe A).

- Verwenden Sie einen trockenen Backpinsel, um die Speisestärke vom Fondant zu entfernen. Um dem Fondant eine glänzende Oberfläche zu verleihen, bepinseln Sie ihn mit klarem Alkohol wie Wodka. Für einen leichten Schimmer geben Sie etwas Luster Dust (Farbpulver) zum Wodka.

Modellierformen aus Silikon

- Mit Fondant überzogene Cupcakes
- Speisestärke
- Farbiger Fondant für die Verzierungen
- Modellierform aus Silikon (Kirschblüte oder ein Motiv Ihrer Wahl)
- Kleiner Farbpinsel

Modellierformen aus Silikon werden für detailverliebte Verzierungen aus Fondant oder Blütenpaste verwendet. Man kann sie auch für Schokolade, Süßigkeiten, Eis, Butter und vieles mehr benutzen. Sie sind weich und beweglich und können vom Ofen in den Gefrierschrank wandern, ohne dass die Form dadurch beeinträchtigt wird. Sie sind jedoch ziemlich kostspielig – überlegen Sie sich also vor dem Kauf gut, ob Sie die Form wiederverwenden werden.

Tipp:

Um Zeit zu sparen, können Sie einige Verzierungen im Voraus herstellen. Allerdings können diese, wenn sie erst einmal getrocknet sind, nicht mehr an die Form des Cupcakes angepasst werden.

Los gehts!

(A) Die Form mit Speisestärke bestäuben.

(B) Fondant in die Form drücken.

(C) Die Form zum Herauslösen des Fondants etwas biegen.

(D) Die Rückseite des Fondants mit Wasser bepinseln.

1. Bestäuben Sie die Form mit Speise-stärke, damit der Fondant nicht kleben bleibt (siehe A).

2. Nehmen Sie ein Stück Fondant, das etwa so groß wie die Form ist. Drücken Sie den Fondant in die Form (siehe B).

3. Biegen Sie die Form, um den Fondant herauszulösen (siehe C).

4. Bepinseln Sie die Rückseite des Fondants leicht mit Wasser, um jegliche Speisestärke zu entfernen und das Stück klebrig zu machen (siehe D).

5. Platzieren Sie die Fondant-Verzierung auf dem Cupcake (siehe E).

(E) Den Fondant auf Cupcake platzieren.

Modelliermatten

- Cupcakes
- Farbiger Fondant
- Speisestärke
- Cupcake mit einer dünnen Schicht Buttercreme (Rezept siehe Seite 133)
- Kleines Nudelholz für Fondant
- Modelliermatte
- Runde Ausstechform (Ø 5,5 cm)
- Kleiner Farbpinsel

Mit Modelliermatten geben Sie Ihrem Fondant eine Struktur und ein spezielles Design. Sie werden oft zum Verzieren von Torten verwendet, sind aber auch für Cupcake-Verzierungen sehr gut geeignet.

Tipp

- Kreise aus Fondant können schon im Voraus hergestellt, getrocknet und dann als Verzierung auf mit Zuckerguss überzogenen Cupcakes verwendet werden.

- Modelliermatten aus Plastik sind kostengünstiger und bieten meist eine größere Auswahl an Formen und Größen. Die Plastikformen sind jedoch nicht biegsam wie Silikonformen und machen das Herauslösen daher nicht ganz so leicht. Für einfache Formen kann man sie aber gut verwenden.

Los gehts!

(A) Legen Sie den Fondant auf die Matte.

(B) Drücken Sie den Fondant mit den Fingern hinein.

1. Rollen Sie den Fondant ca. 5 mm dick aus. Eine genaue Anleitung dazu finden Sie in Kurs 11 (siehe Seite 34).
2. Legen Sie den Fondant auf die Modelliermatte (siehe A).
3. Rollen Sie mit dem Nudelholz über den Fondant oder drücken Sie ihn mit den Fingern in die Modelliermatte (siehe B). Entfernen Sie danach die Matte.

(C) Stechen Sie einen Kreis aus.

(D) Platzieren Sie den Kreis auf dem Cupcake und drücken Sie ihn glatt.

4. Stechen Sie mit der Ausstechform einen Kreis aus dem Fondant (siehe C) und entfernen Sie überschüssige Speisestärke mit einem trockenen Pinsel.
5. Platzieren Sie den Kreis aus Fondant auf dem Cupcake und glätten Sie die Oberfläche und die Ränder. Wenn Sie möchten, verzieren Sie ihn zusätzlich mit Knöpfen aus Fondant (siehe D).

Auf Fondant stempeln

- Mit Zuckerguss überzogene Cupcakes
- Farbiger Fondant
- Speisestärke
- Lebensmittelfarbe als Gel
- Nudelholz für Fondant
- Gummistempel (Eiffelturm und Herz oder Motiv Ihrer Wahl)
- Kleiner Farbpinsel
- Runde Ausstechform (Ø 5 cm)

Stempeln ist eine einfache und schnelle Methode, Ihrem Cupcake eine facettenreiche Verzierung zu geben. Im Bastelladen finden Sie viele Arten von Stempeln oder Sie kaufen sich einen maßgefertigten Stempel mit Ihrem Monogramm oder einem anderen Design – z. B. für eine Hochzeit.

Tipps

- Achten Sie darauf, dass Ihr Gummi-stempel kleiner ist als Ihre Ausstechform.

- Die Fondant-Scheiben können im Voraus hergestellt werden. Lassen Sie die Kreise auf einem Kuchenblech ein paar Stunden trocknen und lagern Sie diese dann bei Raumtemperatur in einem luftdichten Behälter – mit Pergament- oder Wachs-papier zwischen den einzelnen Lagen.

- Die Kreise aus Fondant können auch nach dem Ausstechen bestempelt werden. Es ist jedoch einfacher, ein großes Stück Fondant zu bestempeln und erst dann die Scheiben auszu-stechen.

Los gehts!

(A) Bepinseln Sie den Stempel mit Lebensmittelfarbe.

(B) Stempeln Sie auf den Fondant.

(C) Stechen Sie die Scheibe aus.

(D) Stempeln Sie weitere Details auf.

1. Rollen Sie den Fondant ca. 5 mm dick aus (siehe Seite 34).
2. Bepinseln Sie den größeren Stempel gleichmäßig mit Lebensmittelfarbe (siehe A). Bestempeln Sie den Fondant, lassen Sie dabei zwischen den Motiven genug Platz, um später die Kreise ausstechen zu können (siehe B). Bepinseln Sie den Stempel erneut mit Lebensmittelfarbe, falls erforderlich.
3. Nutzen Sie die runde Ausstechform, um Fondant-Scheiben auszustechen (siehe C). Wenn Sie möchten, stempeln Sie zum Füllen der weißen Fläche weitere Motrive auf den Fondant (siehe D). Lassen Sie die Fondant-Scheiben einige Stunden trocknen.
4. Platzieren Sie die Scheiben auf den mit Zuckerguss überzogenen Cupcakes.

Weitere Ideen

Um ein gleichmäßiges Muster herzustellen, das am Rande der Cupcakes ausläuft, stempeln Sie einfach ein Motiv über die gesamte Fläche des ausgerollten Fondants. Fahren Sie mit Schritt 3 fort.

Auf Fondant schablonieren

- Mit Zuckerguss überzogene Cupcakes
- Fondant
- Speisestärke
- Royal Icing (Rezept siehe Seite 136)
- Sandzucker
- Nudelholz für Fondant
- Schablone (z. B. Schneeflocke oder Motiv Ihrer Wahl)
- Palettenmesser (10 cm)
- Runde Ausstechform (Ø 5 cm)

Mit Schablonen können Sie Cupcakes mit sehr wenig Aufwand eine riesige Anzahl an Details geben. Es bedarf ein wenig Übung, aber es geht wesentlich schneller, als die Details mit dem Spritzbeutel aufzutragen. Nachdem Sie die Schablone entfernt haben, können Sie den Zuckerguss so lassen wie er ist oder die Verzierung mit Sandzucker bestreuen, solange sie noch feucht ist.

Tipps

- Die Schablone muss gereinigt werden, sobald der Zuckerguss auf die Unterseite läuft.
- Diese Fondants können im Voraus hergestellt werden. Lassen Sie die Kreise auf einem Kuchenblech ein paar Stunden trocknen (zur Lagerung siehe Tipps Seite 40).

Los gehts!

(A) Verteilen Sie die Glasur auf der Schablone.

(B) Entfernen Sie überschüssige Glasur.

(C) Entfernen Sie die Schablone.

(D) Stechen Sie Scheiben aus.

(E) Streuen Sie Zucker auf.

1. Rollen Sie den Fondant ca. 5 mm dick aus (siehe Seite 34).

2. Legen Sie die Schablone auf den Fondant, halten Sie sie an einer Ecke fest und verteilen Sie mit Ihrem Palettenmesser eine dünne Schicht der Glasur darauf (siehe A). Entfernen Sie überschüssige Glasur mit dem Palettenmesser, sodass Sie eine gleichmäßige, dünne Schicht erhalten (siehe B). Ziehen Sie die Schablone vorsichtig vom Fondant ab (siehe C).

3. Stechen Sie mit der Ausstechform Fondant-Kreise aus (siehe D). Achten Sie darauf, Ihre Verzierung nicht zu verwischen, wenn Sie die Kreise bewegen. Falls gewünscht, bestreuen Sie sie mit Sandzucker, bevor die Glasur trocknet (siehe E). Lassen Sie den Fondant einige Stunden fest werden.

4. Platzieren Sie die Kreise auf den fertigen Cupcakes.

Royal Icing

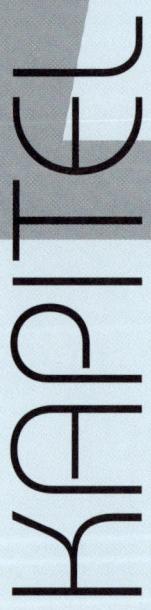

ROYAL ICING IST EINE WEISSE, GESCHMEIDIGE GLASUR aus Eiweiß und Puderzucker, die man gut einfärben kann. Sie kann angedickt und zu sehr feinen Verzierungen gespritzt werden, sie lässt sich aber auch ausdünnen und zum Füllen von Konturen nutzen . In jedem Fall wird sie hart, wenn man sie bei Raumtemperatur trocknen lässt. In diesem Kapitel werden einige Spritzmethoden vorgestellt und es wird gezeigt, wie man kunstvolle filigrane Tortenaufsätze macht und Zuckerkekse dekoriert.

KAPITEL 4

Auf Fondant spritzen

- Mit Fondant überzogene Cupcakes
- Royal Icing (mittelfeste Konsistenz, Rezept siehe Seite 136) in einem Spritzbeutel (30 cm), mit einer runden Spritztülle (Nr. 2)
- Klarer Alkohol (z. B. Wodka)
- Essbares Farbpulver Luster Dust (z. B. in Silber)
- Essbare Zuckerperlen
- Kleiner Farbpinsel

Royal Icing ist besonders gut dafür geeignet, aufwendige Verzierungen auf Fondant aufzutragen. Buttercreme hingegen kommt dafür weniger infrage, da diese Glasur oft Luftblasen enthält und deshalb nicht so makellos aussieht. Eine beliebte Verzierung für Hochzeitstorten sind gespritzte Schnörkel wie auf den Cupcakes auf dem Foto unten. Es bedarf ein wenig Übung, sieht jedoch sehr elegant aus.

Tipps

- Sollten Sie beim Verzieren einen Fehler machen, entfernen Sie die Glasur mit einem Palettenmesser oder einem Zahnstocher. Sollte trotzdem noch etwas zurückbleiben, versuchen Sie es mit einem feuchten Farbpinsel.
- Zeichnen oder pausen Sie ein Muster auf Pergamentpapier ab und üben Sie darauf das Spritzen.

Los gehts!

(A) *Spritzen Sie eine große Spirale in die Mitte.*

(B) *Ergänzen Sie kleinere Schnörkel.*

(C) *Spritzen Sie Punkte auf.*

1. Um mit Royal Icing zu arbeiten, halten Sie den Spritzbeutel leicht angewinkelt etwa 3 mm über den Cupcake. Wenden Sie leichten und gleichmäßigen Druck auf den Beutel an, während Sie das gewünschte Muster zeichnen. Nehmen Sie den Druck kurz vor dem Endpunkt vom Beutel und ziehen Sie die Tülle weg.

2. Dieses Muster beginnen Sie mit einer Spirale in der Mitte (siehe A). Fahren Sie fort, 5 große Spiralen rund um den Cupcake zu spritzen.

3. Spritzen Sie von den großen Spiralen ausgehend kleinere Schnörkel (siehe B). Für die kleinsten Schnörkel spritzen Sie einen Punkt nahe an einen Schnörkel und ziehen die Spritztülle durch den Punkt, um ihn mit dem größeren Schnörkel zu verbinden (siehe C).

4. Lassen Sie die Glasur vollständig trocknen. Vermengen Sie das Farbpulver mit etwas Alkohol. Bepinseln Sie anschließend vorsichtig die Schnörkel damit (siehe D). Spritzen Sie zusätzliche kleine Punkte auf und fügen Sie silberne Zuckerperlen hinzu, wenn Sie möchten.

(D) *Bepinseln Sie die Schnörkel zum Abschluss.*

Schmuckelemente
mit dem Pinsel

- Mit Fondant überzogene Cupcakes (z. B. in Türkis)
- Royal Icing (mittelfeste bis feste Konsistenz, Rezept siehe Seite 136) in verschiedenen Farben, z. B. in Pink, Gelb, Lila
- Wasser
- Spritzbeutel (30 cm) mit runder Spritztülle (Nr. 2)
- Kleiner Farbpinsel

Das Auftragen von Schmuckelementen mit dem Pinsel ist eine klassische Methode des Tortenverzierens. Meistens verwendet man Blumenmuster, die ein wenig wie Spitze aussehen. Obwohl man sie üblicherweise auf weißen Hochzeitstorten findet, sehen diese farbigen Verzierungen auch auf Cupcakes toll aus.

Tipp

Wenn es Ihnen schwer fällt, freihändig zu spritzen, nehmen Sie eine blumenförmige Ausstechform oder einen Stempel als Vorlage. Drücken Sie die Ausstechform oder den Stempel vorsichtig in den Fondant, solange dieser noch weich ist.

Los gehts!

(A) *Spritzen Sie die Kontur der Blume.*

(B) *Bepinseln Sie die Glasurlinien immer in Richtung Blumenmitte.*

(C) *Spritzen Sie eine kleinere Blume.*

(D) *Fügen Sie kleine Punkte in der Blumenmitte hinzu.*

1. Spritzen Sie mit der Glasur die Umrisse einer großen Blume auf den Fondant (siehe A).

2. Tauchen Sie den Pinsel ins Wasser und streichen Sie überschüssiges Wasser ab. Zeichnen Sie die noch nassen Glasurlinien mit dem feuchten Pinsel nach, immer in Richtung Blumenmitte. Machen Sie kurze, schnelle Pinselzüge und säubern Sie den Pinsel, wenn nötig (siehe B).

3. Spritzen Sie eine kleinere Blume in die größere Blume und wiederholen Sie die Pinseltechnik (siehe C). Fügen Sie kleine Punkte in der Blumenmitte hinzu (siehe D).

Verzierungen aus Royal Icing

- Cupcakes
- Royal Icing (mittelfeste bis feste Konsistenz, Rezept siehe Seite 136) in einem Spritzbeutel (30 cm) mit einer runden Spritztülle (Nr. 3)
- Vorlage
- Pergamentpapier oder Klarsichtfolie
- Stift
- Palettenmesser (10 cm)
- Optional: Silberne Zucker- perlen

In diesem Kurs lernen Sie, Cupcake-Aufsätze aus Royal Icing herzustellen, insbesondere filigrane Kronen. Diese Schmuckstücke müssen im Voraus hergestellt werden, da sie einige Tage Trockenzeit benötigen. Sie sind sehr zerbrechlich, gehen Sie also auf Nummer sicher und fertigen Sie ein paar zusätzliche an. Wie bei den Tipps beschrieben, können Sie die hier erklärte Methode auch dazu verwenden, robustere Formen herzustellen. Ich benutze diese Methode gerne für Zahlen oder Buchstaben, da man die gewünschte Schriftart einfach als Vorlage ausdrucken und dann abpausen kann.

Tipps

- Entwerfen Sie Ihre eigene Vorlage oder zeichnen Sie die Umrisse einer Ausstechform direkt auf Pergament- papier. Wenden Sie das Pergament- papier, bevor Sie mit der Glasur die Umrisse nachzeichnen.

- Für stabile Formen zeichnen Sie die Umrisse mit dicker Glasur. Füllen Sie das Innere der Form anschließend mit flüssigem Royal Icing. Fahren Sie anschließend mit Schritt 3 fort.

Los gehts!

1. Legen Sie das Pergamentpapier oder die Klarsichtfolie (die Folie zuvor mit etwas Butter einfetten) auf die Vorlage (siehe A). Skizzieren Sie Ihr Bild mit der Glasur (siehe B).

2. Füllen Sie das Bild mit willkürlich gespritzten Ornamenten (siehe C). Je näher die gespritzten Schnörkel beieinander sind, desto stabiler wird die gesamte Verzierung. Wenn Sie mehr als eine Farbe verwenden, lassen Sie die Glasur zwischen dem Auftragen der verschiedenen Farben trocknen, damit die Farben nicht ineinanderlaufen.

4. Lassen Sie die Verzierungen mindestens 24 Stunden trocknen (siehe D). Am besten stellen Sie die Dekoelemente schon ein paar Tage im Voraus her, um sicherzugehen, dass sie vollständig trocknen. Die Trockenzeit ist von der Größe und Feuchte des Dekoelements abhängig.

5. Nach dem Trocknen die Royal-Icing-Dekoration vorsichtig mit dem Palettenmesser vom Pergamentpapier bzw. der Klarsichtfolie lösen. Alternativ können Sie die Verzierung auch auf eine Tischkante legen und das Papier abziehen (siehe E). Platzieren Sie das Dekoelement nun auf dem Cupcake. Fügen Sie silberne Zuckerperlen oder andere Verzierungen hinzu, sofern gewünscht.

(A) Legen Sie das Pergamentpapier bzw. die Klarsichtfolie über Ihre Vorlage.

(B) Zeichnen Sie die Umrisse des Motivs nach.

(C) Füllen Sie das Bild mit Schnörkeln.

(D) Lassen Sie es trocknen.

(E) Ziehen Sie das Dekoelement von der Folie ab.

Aufsätze aus Zuckerkeksen

Sie brauchen

- Mit Zuckerguss überzogene Cupcakes
- Gebackene Zuckerkekse 2,5 – 7,5 cm groß (Rezept siehe Seite 142), z. B. verschiedene Hunde oder ein anderes Thema Ihrer Wahl
- Royal Icing (mittelfeste Konsistenz, Rezept siehe Seite 136), z. B. in Weiß, Rot, Schwarz und Braun, im Spritzbeutel (30 cm) mit einer runden Spritztülle (Nr. 3)
- Royal Icing (flüssige Konsistenz) in den entsprechenden Farben, portioniert in Schüsseln
- Optional: Sandzucker
- Palettenmesser (10 cm)

Das Verzieren von Zuckerkeksen ist eine meiner Lieblingsbeschäftigungen. In der Konditorei haben wir hunderte von Ausstechformen und probieren immer neue Formen und Designs aus. Die Kekse sind bei Erwachsenen und Kindern gleichmaßen beliebt, da sie nicht nur toll aussehen, sondern auch köstlich schmecken. In diesem Kurs lernen Sie einige Tricks, die Ihnen beim Verzieren der Kekse helfen werden, außerdem zeige ich Ihnen, wie Sie sie als Aufsätze für Cupcakes verwenden können. Wir haben ein Hundethema gewählt, Sie können diese Methoden aber selbstverständlich auch auf jede andere Zuckerkeksform anwenden.

Tipp

Es ist sehr wichtig, die glasierten Kekse vor dem Auftragen einer weiteren Farbe mindestens 6–8 Stunden trocknen zu lassen, sonst laufen die Farben ineinander. Feuchtigkeit kann die Trockenzeit beeinflussen. Am besten bewahrt man die Kekse deshalb an einem kühlen, trockenen Ort auf. Stellen Sie die Kekse nicht in den Kühlschrank, sonst wird der Zuckerguss weich und klebrig.

Los gehts!

1. Ziehen Sie mit dem Spritzbeutel die Umrisse des Kekses nach. Bleiben Sie dabei so nahe am Rand wie möglich (siehe A und B).

2. Füllen Sie mit Hilfe des Palettenmessers die Form mit dem flüssigen Royal Icing (siehe C). Die Glasur sollte den Keks gleichmäßig bedecken, jedoch nicht über den Rand laufen. Lassen Sie die Kekse mindestens 6–8 Stunden trocknen, bevor Sie eine weitere Farbe verwenden. Wenn die Farben besonders leuchten sollen, empfehle ich Ihnen, die Kekse über Nacht zu trocknen.

3. Um Tupfen hinzuzufügen, spritzen Sie Punkte in einer andersfarbigen Glasur direkt nach dem Ausfüllen der Konturen auf die flüssige Glasur.

4. Außerdem können Sie weitere dekorative Akzente setzen, indem Sie mit dem Spritzbeutel Details auf die Kekse zeichnen (siehe D). Tauchen Sie den Keks anschließend in eine Schüssel Sandzucker (siehe E). Fügen Sie zum Schluss Augen oder andere Details hinzu (siehe F). Wiederholen Sie den Vorgang mit den übrigen Keksen. Lassen Sie die Kekse im Anschluss trocknen.

5. Platzieren Sie jeden Keks mittig auf einem mit Zuckerguss überzogenem Cupcake.

(A) Ziehen Sie Konturen mit der Glasur nach.

(B) Bleiben Sie möglichst nahe am Rand.

(C) Füllen Sie die Konturen aus.

(D) Spritzen Sie dort auf Glasur, wo Sie Akzente in Zucker setzen möchten.

(E) Tauchen Sie den Keks in Zucker.

(F) Fügen Sie weitere Details hinzu.

Blumen & Garten

IN UNSERER KONDITOREI sind Blumen die am häufigsten gewünschte Verzierung, sei es für eine Torte, einen Keks oder Cupcake. Wir kreieren ständig neue Designs und Kombinationen, um immer am Puls der Zeit zu bleiben und unseren Kunden Abwechslung zu bieten. In diesem Kapitel zeige ich Ihnen die Grundlagen, allerdings immer mit einem gewissen Extra. Daher werde ich die klassische Buttercremerose hier nicht zeigen.

Blumen aus Buttercreme

- Cupcakes
- Farbige Buttercreme (Rezept siehe Seite 133), z. B. in Orange, in einem Spritzbeutel (30 cm) mit einer großen c-förmigen Tülle für Rüschen (z. B. Nr. 402 von Wilton)
- Farbige Buttercreme, z. B. in Pink, in einem Spritzbeutel (30 cm) mit einer kleinen c-förmigen Tülle für Rüschen (z. B. Nr. 401 oder Nr. 79 Wilton oder Nr. 81 von Ateco)
- Farbige Buttercreme, z. B. in Hellgrün, in einem Spritzbeutel (30 cm) mit einer großen Grastülle (z. B. Nr. 234 von Ateco oder einer kleinen runden Tülle in Nr. 3)

Eine große, ausladende Blume aus Buttercreme auf einem Cupcake ist ein echter Hingucker. In diesem Kurs lernen Sie, eine Blume in zwei verschiedenen Größen direkt auf den Cupcake zu spritzen. Diese spezielle Blume ist schnell gemacht und erfordert keine aufgefeilte Technik. Sie benötigen außerdem keinen sogenannten Blumennagel wie beim Herstellen von Rosen – somit ist sie ideal für Anfänger!

Tipp

Indem man die Buttercreme auf den Cupcakes nur oben und nicht seitlich aufträgt, vermeidet man, dass die Cupcakes in einer Box aneinander kleben.

Los gehts!

(A) *Spritzen Sie den Rand des Cupcakes entlang.*

1. Verwenden Sie die größere c-förmige Spritztülle und spritzen Sie am Rand des Cupcakes entlang, indem Sie den Spritzbeutel in einem leichten Winkel auf und ab bewegen. Wenn Sie fertig sind, nehmen Sie den Druck vom Beutel und ziehen Sie ihn vom Cupcake weg (siehe A).

2. Fahren Sie fort, überhalb des äußeren-Blütenkreises zu spritzen, und lassen Sie die Blütenblätter dabei kleiner werden, je mehr Sie sich der Mitte des Cupcakes nähern (siehe B und C).

3. Nutzen Sie die Grastülle für den Blütenstempel (siehe D).

4. Alternativ können Sie auch die kleinere c-förmige Tülle für die gesamte Blume benutzen. Wenden Sie dieselbe Methode an, aber fügen Sie entsprechen mehr Blütenblätter hinzu. Für die Mitte dieser Blume nehmen Sie eine kleine runde Tülle, um eine Gruppe von Punkten zu schaffen (siehe E).

(B) *Fügen Sie eine weitere Reihe hinzu.*

(C) *Spritzen Sie kleinere Blütenblätter, je mehr Sie sich der Mitte nähern.*

(D) *Nutzen Sie eine Grastülle für den Stempel.*

(E) *Spritzen Sie für den Blütenstempel Punkte auf.*

Rosetten aus Buttercreme

- Cupcakes
- Farbige Buttercreme (Rezept siehe Seite 133), z. B. in Rosa, in einem Spritzbeutel (36–46 cm) mit einer großen offenen Tülle in Sternenform (z. B. Nr. 1M oder Nr. 2D von Wilton)
- Farbige Buttercreme, z. B. in Rosa, in einem Spritzbeutel (36–46 cm) mit einer kleinen offenen Tülle in Sternenform (z. B. Nr. 21 oder Nr. 30 von Ateco)

Rosetten sind eine klassische Spritztechnik und werden normalerweise eher für Tortenränder verwendet. Inzwischen sieht man oft ganze Geburtstags- oder Hochzeitstorten, die mit Rosetten aus Buttercreme bedeckt sind. Verwenden Sie verschieden große Spritztüllen für
ein größeres oder kleineres Muster.

Tipp

Rosetten sehen schön am Rand einer Torte oder eines Cupcakes aus. Nehmen Sie für den Rand eines Cupcakes eine sehr kleine Tülle in Sternenform.

Los gehts!

(A) Spritzen Sie mit der großen Tülle Rosetten am Cupcake-Rand entlang.

(B) Spritzen Sie weiter in Richtung Mitte.

(D) Arbeiten Sie sich auch hier in Richung Mitte vor.

1. Üben Sie das Spritzen einer Rosette zunächst auf Pergamentpapier. Halten Sie den Spritzbeutel vertikal in einem Winkel von 90° zum Papier, etwa 6 mm vom Cupcake entfernt. Verstärken Sie den Druck auf den Beutel und zeichnen Sie einen kleinen Stern. Fahren Sie mit gleichmäßigem Druck fort und applizieren Sie um den Stern herum einen engen Kreis. Nehmen Sie den Druck vom Beutel und ziehen die Tülle weg. Wenn Sie sich sicher fühlen, beginnen Sie mit dem Dekorieren der Cupcakes.

2. Spritzen Sie mit der größeren Tülle am Rand des Cupcakes entlang und formen Sie 5 oder 6 Rosetten (siehe A). Spritzen Sie eine Rosette in der Mitte (siehe B).

3. Alternativ können Sie mit einer kleineren Tülle arbeiten und 10 oder 12 Rosetten entlang des Rands spritzen (siehe C). Spritzen Sie in der zweiten Runde 5–6 Rosetten (siehe D). Fügen Sie eine Rosette in der Mitte hinzu (siehe E).

(C) Verwenden Sie alternativ eine kleinere Tülle.

(E) Schließen Sie in der Mitte ab.

Rosenbouquet
aus fondant

- Mit Fondant überzogene Cupcakes, z. B. in Weiß
- Farbiger Fondant, z. B. in Gelb
- Speisestärke
- Wasser
- Kleines Nudelholz für Fondant
- Teig- oder Pizzaschneider
- Kleiner Farbpinsel

Gerollte Rosen sind schnell herzustellen und machen viel Spaß bei der Vorbereitung. Außerdem sehen sie zeitgemäßer aus als die traditionellen Rosen aus Fondant. In unserer Konditorei stellen wir viele herkömmliche Rosen aus Buttercreme und Fondant her, aber jedes der Blütenblätter muss individuell geformt werden, was sehr zeitaufwendig sein kann, wenn man mehrere Cupcakes produzieren möchte. Diese Methode geht nicht nur schneller, sondern kann auch schon vorab vorbereitet werden.

Tipps

- Für größere Rosen schneiden Sie die Streifen breiter.
- Möchten Sie Blätter formen, rollen Sie den Fondant 3 mm dick aus und schneiden ihn in Quadrate. Pinseln Sie ein wenig Wasser in die Quadratmitte. Falten Sie zwei gegenüberliegende Ecken zusammen und drücken Sie diese fest. Schneiden Sie durch die Mitte des gefalteten Fondants, um zwei Blätter aus jedem Quadrat zu erhalten.

Los gehts!

(A) *Schneiden Sie Streifen ab und rollen Sie diese der Länge nach auf.*

(B) *Drücken Sie den Fondant zusammen, um die Rose zu öffnen.*

(C) *Schneiden Sie überschüssigen Fondant ab.*

1. Rollen Sie den Fondant 3 mm dick aus. In Kurs 11 (siehe Seite 34) finden Sie detaillierte Anweisungen zum Ausrollen von Fondant. Schneiden Sie 2,5 cm breite Streifen mit dem Teigschneider ab.

2. Rollen Sie einen Streifen nach dem anderen auf (siehe A). Drücken Sie dabei das untere Ende zusammen, um die Rose zu öffnen (siehe B). Ich drücke dabei gerne das obere Ende zusammen, damit die Rosenränder dünner werden und so realistischer aussehen. Rollen Sie die Rose soweit auf, bis sie die gewünschte Größe hat und schneiden Sie den überschüssigen Fondant ab. Der Rest kann für eine weitere Rose verwendet werden (siehe C). Sollte Ihre Rose nicht zusammenkleben, pinseln Sie etwas Wasser auf das untere Ende, um sie zu versiegeln. Zum Öffnen der Rose ziehen Sie mit Ihren Fingern die Ränder auseinander.

3. Pinseln Sie ein wenig Wasser auf das untere Ende der Rose und platzieren Sie diese auf dem Cupcake (siehe D).

(D) *Platzieren Sie die Rose auf dem Cupcake.*

Zuckerblüten

- Mit Zuckerguss überzogene Cupcakes
- Farbige Blütenpaste
- Speisestärke
- Farbpulver (Luster Dust oder Petal Dust)
- Royal Icing (Rezept siehe Seite 136) in einem Spritzbeutel (30 cm) mit einer runden Spritztülle (Nr. 3)
- Kleines Nudelholz für Fondant
- Ausstechformen in Blumenform (Ø 2,5 – 7,5 cm)
- Schaumstoffmatte zum Modellieren
- Modellierstab (Kugel)
- Zahnstocher oder ein Blatt-Veiner
- Eierkarton oder Alufolie
- Farbpinsel

In diesem Kurs erlernen Sie eine Technik, mit der Sie dreidimensionale Blumen herstellen können. Die Blüten sind klein und relativ schnell zu machen. Sie benötigen ausreichend Trockenzeit, können jedoch schon Monate im Voraus hergestellt werden. Mit Farbstaub wie Luster Dust oder Petal Dust sehen sie besonders realistisch aus und gewinnen an Tiefe.

Tipps

- Statt Blütenpaste kann auch Fondant verwendet werden, allerdings benötigen die Blumen dann mehr Zeit, um zu trocknen.
- Das Farbpulver *Luster Dust* schimmert und verleiht den Blumen ein wenig Glanz. Das Farbpulver *Petal Dust* ist trockene Farbe und lässt die Blumen matt aussehen. Achten Sie besonders darauf, die Mitte und die Ränder der Blume zu schattieren, damit sie realistischer aussehen.

Los gehts!

1. Kneten Sie die Blütenpaste, bis sie formbar ist. Rollen Sie sie 3 mm dick aus und verwenden Sie dabei, wann immer nötig, etwas Speisestärke, um ein Festkleben zu vermeiden. Stechen Sie Blumen mit einer Ausstechform aus und decken Sie diese bis zur weiteren Verarbeitung mit Frischhaltefolie ab.

2. Legen Sie eine Blume auf die Schaumstoffmatte und dünnen Sie die Ränder aus, indem Sie mit dem Modellierstab darüber rollen (siehe A).

3. Nehmen Sie einen Zahnstocher, um das Blatt mit Adern zu versehen (siehe B).

4. Alternativ können Sie die Blume auch in einen Veiner drücken (siehe C).

5. Der Blatt-Veiner gibt den Blumenblättern ein besonders realistisches Aussehen (siehe D).

6. Lassen Sie die Blumen und Blätter in Eierkartons oder auf zerknüllter Alufolie trocknen, um ihnen Struktur zu geben. Gestalten Sie Blütenstempel, wenn gewünscht, mit Royal Icing oder Zuckerperlen.

7. Bepinseln Sie die Blumen mit dem Farbpulver (siehe E). Platzieren Sie die Blumen zum Schluss auf den mit Zuckerguss überzogenen Cupcakes.

(A) Rollen Sie mit dem Modellierstab über die Ränder.

(B) Mit einem Zahnstocher modellieren Sie mehr Tiefe.

(C) Alternativ können Sie einen Veiner verwenden.

(D) Blatt-Veiner.

(E) Bepinseln Sie die Blumen mit Farbpulver.

Zuckerblumen

- Mit Zuckerguss überzogene Cupcakes
- Blütenpaste oder Fondant, z. B. in Lila
- Speisestärke
- Kleines Nudelholz
- Ausstecher in Blumenform (Ø 3 cm) und runde geriffelte Ausstechform (Ø 4 cm)
- Schaumstoffmatte zum Modellieren
- Frischhaltefolie
- Modellierstab (Kugel)
- Essbarer Kleber (z. B. Tylosepuder, mit etwas Wasser vermischt) oder Eiweiß
- Eierkarton
- Farbpinsel
- Farbpulver (Luster Dust oder Petal Dust)
- Frischhaltefolie

In diesem Kurs erfahren Sie, wie man eine dreilagige gekräuselte Zuckerblume herstellt. Sie eignet sich wunderbar für Anfänger, da nur wenige Hilfsmittel nötig sind und sie sich leichter zusammensetzen lässt als eine Zuckerblume, die aus einzelnen Blättern besteht. Durch das Hinzufügen weiterer Lagen lassen sich mit dieser Methode auch größere Blumen herzustellen.

Tipp

Um eine einfache gekräuselte, nelkenähnliche Blume herzustellen, schneiden Sie 2–3 Blumen oder Kreise aus und legen sie übereinander. Dann fahren Sie mit Schritt 5 fort.

Los gehts!

1. Kneten Sie die Blütenpaste (bzw. Fondant), bis sie formbar ist. Trennen Sie ein Stück ab und rollen Sie es zu einer 2,5 cm großen Kugel. Rollen Sie die Kugel zwischen Ihren Händen, formen Sie an einem Ende ein Hütchen und drücken Sie ein Loch hinein. Dünnen Sie die Ränder aus, um einen gekräuselten Blütenstempel zu erhalten. Schneiden Sie überschüssige Blütenpaste ab und lassen Sie den Stempel trocknen (siehe A).

2. Rollen Sie zusätzliche Blütenpaste (bzw. Fondant) 3 mm dick aus, nehmen Sie dazu Speisestärke, wann immer nötig. Stechen Sie mit den Ausstechern mehrere Blumenformen aus (siehe B).

3. Legen Sie die ausgeschnittenen Blumen eine nach der anderen auf die Schaumstoffmatte. Bedecken Sie die übrige Blütenpaste mit Frischhaltefolie, damit sie nicht austrocknet. Kräuseln und dünnen Sie die Blütenränder aus, indem Sie mit dem Modellierstab darüber rollen (siehe C). Fahren Sie mit der runden Ausstechform fort (siehe D). Lassen Sie die einzelnen Lagen in einem Eierkarton trocknen, um die Blätter zu wölben.

4. Legen Sie die Blütenblätter um den Blumenstempel herum und wölben Sie die Blätter etwas nach oben, um sie gekräuselt aussehen zu lassen. Nehmen Sie essbaren Klebstoff oder Eiweiß zum Zusammenkleben der einzelnen Lagen.

5. Lassen Sie die Blumen über Nacht in einem Eierkarton trocknen, damit die Form erhalten bleibt (siehe E).

6. Bepinseln Sie die Blumen mit Farbstaub und platzieren Sie sie schließlich auf den mit Zuckerguss überzogenen Cupcakes.

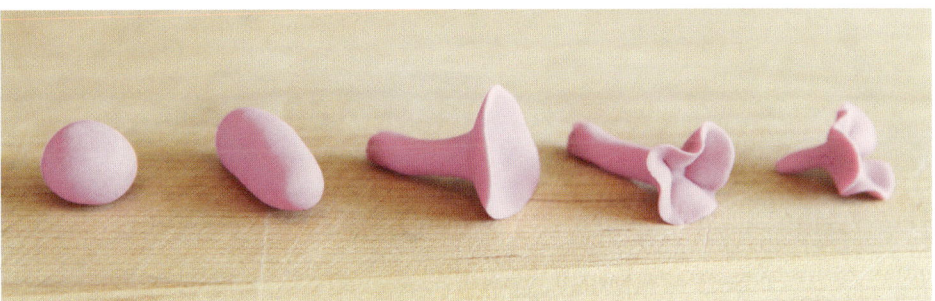

(A) Die einzelnen Schritte der Gestaltung eines Blütenstempels.

(B) Stechen Sie verschiedene Blumenformen aus.

(D) Zusätzliche Lagen ausstechen und die Ränder ausdünnen.

(C) Die Ränder mit dem Modellierstab ausdünnen.

(E) Die Blüten schließlich im Eierkarton trocknen lassen.

Schmetterlinge
im Gras

- Cupcakes
- Bedrucktes Esspapier, z. B. Schmetterlinge
- Klares Glasur-Gel
- Optional: Farbpulver (Luster Dust), z. B. in Silber
- Sandzucker
- Grüne Buttercreme (Rezept siehe Seite 133) in einem Spritzbeutel mit einer Grastülle (z. B. Nr. 234 von Wilton oder Ateco)
- Kleine Bastelschere
- Kleiner Farbpinsel
- Eierkarton

Esspapier wird aus Kartoffelstärke hergestellt und mit Lebensmittelfarbe bedruckt. Es gibt eine Reihe von Onlineshops, die eine große Auswahl an Motiven und Mustern anbieten. Sofern Sie einen Lebensmitteldrucker besitzen, können Sie natürlich auch Ihre ganz eigenen Motive drucken.

Tipp

Diese Schmetterlinge aus Esspapier halten sich monatelang, wenn Sie in einem luftdichten Behälter aufbewahrt werden.

Los gehts!

(A) Schneiden Sie die Bilder aus.

(B) Bepinseln Sie das Motiv mit einer dünnen Schicht Glasur-Gel.

(C) Bestreuen Sie es anschließend mit Zucker.

(D) Lassen Sie die Schmetterlinge in einem Eierkarton trocknen.

1. Schneiden Sie die Schmetterlinge bzw. das Motiv Ihrer Wahl vorsichtig mit der Schere aus. Vorsichtig, Esspapier ist zerbrechlich (siehe A)!

2. Tragen Sie mit dem Pinsel eine dünne Schicht Glasur-Gel auf jeden Schmetterling auf (siehe B). Für einen besonderen Glitzereffekt können Sie zuvor etwas Lust Dust in die Glasur rühren.

3. Bestreuen Sie den Schmetterling mit Sandzucker (siehe C).

4. Falten Sie den Schmetterling in der Mitte, sodass die Flügel sich etwas nach oben biegen. Lassen Sie ihn so in einem Eierkarton trocknen, damit die Form erhalten bleibt (siehe D).

5. Spritzen Sie grünes Gras auf die Cupcakes und platzieren Sie die Schmetterlinge zusammen mit Zuckerblumen o. Ä. darauf.

Sie brauchen

- Schokoladen-Cupcakes
- Buttercreme (Rezept siehe Seite 133) in einem Spritzbeutel mit einer großen runden Spritztülle (z. B. Nr. 806 von Ateco)
- Frische Kräuter
- Terrakottatöpfe (Ø 7,5 cm)

Kräutertöpfe sind grundsätzlich sehr schön als Tischdekoration oder Gastgeschenk, und noch besser ist es natürlich, wenn man sie essen kann. Diese Cupcake-Töpfe können auf unzählige Art und Weise gestaltet werden – geben Sie ihnen z. B. den Feinschliff mit Gemüse aus Zucker, essbaren Blumen oder Lutscher-Blumen. Gerade an Geburtstagen sind sie ein tolles Geschenk!

Weitere Ideen

- Formen Sie Gemüse aus Fondant oder Blütenpaste, um es auf die Töpfe zu legen.
- Sie können die Töpfe gut als Platzkärtchen für eine Hochzeit oder ein Gartenfest verwenden, indem Sie kleine Schildchen in die Töpfe stecken und die Namen daraufschreiben.

Los gehts!

(A) Schneiden Sie den oberen Teil des Cupcakes ab.

(B) Krümeln Sie das Stück in den Topf.

(D) Dann folgt eine weitere Schicht Cupcake-Krümel.

1. Schneiden Sie den oberen Teil des Cupcakes ab (siehe A).
2. Krümeln Sie das abgeschnittene Stück in den Topf (siehe B).
3. Spritzen Sie anschließend etwas Buttercreme hinein.
4. Legen Sie den restlichen Cupcake in den Topf und bedecken Sie ihn mit Buttercreme (siehe C).
5. Streuen Sie weitere Cupcake-Krümel in den Topf. Pro Topf benötigen Sie hierfür etwa die Hälfte eines zusätzlichen Cupcakes (siehe D).
6. Stecken Sie zum Schluss Kräuter als Verzierung in den Topf (siehe E).

(C) Bedecken Sie nun den Cupcake mit Buttercreme.

(E) Fügen Sie zum Schluss Kräuter hinzu.

Lustige Themen

SOWOHL KINDER ALS AUCH ERWACHSENE

werden von den hier vorgestellten kreativen Ideen begeistert sein. Wie wäre es z. B. mit einem Mojito-Cupcake mit frischer Minze für Ihre nächste Cocktailparty? Außerdem zeige ich Ihnen, wie man eine riesige Cupcake-Torte herstellt.

KAPITEL 6

Schokoladige Marshmallow- Cupcakes

- Rice-Krispie-Treat-Mix, noch warm (Rezept siehe Seite 143)
- Ganache (Rezept siehe Seite 135) in einem Spritzbeutel (36 cm) mit einer Sternentülle (z. B. Nr. 826 von Ateco)
- Zerkrümelte Vollkornbutter- kekse
- Sandzucker
- Cupcake-Backform
- Etwas Fett für die Form
- Eiskugelportionierer
- Palettenmesser (10 cm)

Die meisten Kinder lieben Marshmallows – z. B. über einem Lagerfeuer geröstet oder in Verbindung mit einem leckeren Kakao. Umso mehr wird ihnen diese Cupcake-Variante schmecken. Besonderes Highlight: Sie müssen nicht gebacken werden!

Tipp

Falls Sie lieber weniger Schokolade und dafür mehr Marshmallows verwenden möchten, können Sie eine dünne Schicht Ganache auf den Cupcake spritzen und diese dann mit einem Marshmallow-Meringue-Überzug bedecken.

Los gehts!

(A) Löffeln Sie die Masse in die Form.

(B) Drücken Sie die Masse in die Form.

(D) Spritzen Sie Ganache auf die Cupcakes.

1. Fetten Sie zunächst die Backform aus. Löffeln Sie die noch warme Rice-Krispie-Mischung mit einem Eiskugel-portionierer in die Backform (siehe A). Drücken Sie die Masse in die Form (siehe B) und streuen Sie dann die Vollkornkekskrümel darauf. Lassen Sie die Cupcakes etwa 30 Minuten ruhen.

2. Lösen Sie die Krispie-Cupcakes mit einem Palettenmesser aus der Form und tauchen Sie die Ränder in die Vollkornkekskrümel (siehe C).

3. Spritzen Sie die Ganache in einer Spirale auf die Cupcakes (siehe D).

4. Streuen Sie zum Schluss Vollkornkeks-krümel oder Sandzucker auf die Cupcakes (siehe E).

(C) Tauchen Sie die Ränder in die Kekskrümel.

(E) Streuen Sie zum Abschluss Keks-krümel und Zucker auf.

28 Donut-Cupcakes

- Mit Zuckerguss überzogene Cupcakes
- Vanille-Cupcake-Teig (Rezept siehe Seite 140) in einem Spritzbeutel mit einer großen runden Spritztülle (z. B. Nr. 804 von Ateco)
- Royal Icing (Rezept siehe Seite 136), z. B. in Pink, Blau und Grün, mittelfeste Konsistenz
- Mehrfarbige Streusel oder Liebesperlen
- Antihaftbeschichtete Mini-Donut-Form
- Palettenmesser (10 cm)

Bunte Donuts mit Streuseln versetzen uns mit einem Schlag zurück in die Kindheit – deshalb eignen sie sich besonders für einen Kindergeburtstag. Aber auch Erwachsenen werden ihre Freude daran haben. Zur Vereinfachung des Rezeptes haben wir für die Donuts einen Cupcake-Teig verwendet, das Rezept wäre auch mit einem klassischen Donut-Teig köstlich.

Tipp

Tunken Sie das obere Ende der Donuts in eine warme Ganache, um in Schokolade getauchte Donuts zu erhalten.

Los gehts!

(A) *Spritzen Sie Teig in die Form.*

(B) *Glasieren Sie die Donuts.*

(C) *Fügen Sie Streusel hinzu.*

(D) *Platzieren Sie ein Donut auf dem Cupcake.*

1. Spritzen Sie den Teig in die Donut-Form (siehe A). Backen Sie die Donuts bei 180 °C, bis Sie einen Zahnstocher sauber aus den Donuts ziehen können, ohne das Teig daran hängen bleibt. Das dauert etwa 10–12 Minuten. Lassen Sie die Donuts 3–5 Minuten auskühlen. Nehmen Sie sie anschließend aus der Form und legen Sie sie zum vollständigen Auskühlen auf ein Backblech.

2. Verteilen Sie die Spritzglasur mit dem Palettenmesser auf dem Donut (siehe B).

3. Geben Sie bunte Streusel auf die Glasur (siehe C). Lassen Sie die Donuts 5–10 Minuten ruhen.

4. Platzieren Sie je einen Donut auf einem mit Zuckerguss überzogenen Cupcake (siehe D).

Auf zum Surfen

- Cupcakes
- Fondant in tropischen Farben, z. B. Orange, Gelb, Rot, Blau
- Speisestärke
- Wasser
- Buttercreme (Rezept siehe Seite 133) in Meeresblau
- Zerkrümelte Butterkekse
- Sandzucker
- Kleines Nudelholz für Fondant
- Ausstecher in Blumenform (Ø 2,5 cm)
- Farbpinsel
- Ausstecher in Surfbrettform
- Palettenmesser (10 cm)
- Optional: tropische Blumen Seesterne und Muscheln aus Zucker

Cupcakes mit Strandmotto kommen im Sommer immer gut an! In diesem Kurs stellen Sie Surfbretter aus Fondant her. Für die perfekte Strandatmosphäre dekorieren Sie die Cupcakes zum Schluss noch mit verschiedenen Blumen, Seesternen oder Muscheln aus Zucker. Die gezeigte Technik ist natürlich auch für viele andere Formen anwendbar.

Tipp

Die Surfbretter kann man gut im Voraus herstellen. Lassen Sie sie zunächst einige Stunden auf einem Backblech trocknen und lagern Sie die Surfbretter anschließend bei Raumtemperatur in einem luftdichten Behälter. Back- oder Wachspapier zwischen den einzelnen Teilen verhindert das Zusammenkleben.

Los gehts!

1. Rollen Sie den Fondant in jeder Farbe 6 mm dick aus, verwenden Sie dabei wann immer nötig etwas Speisestärke, damit der Fondant nicht festklebt. In Kurs 11 (siehe Seite 34) finden Sie genaue Anweisungen für das Ausrollen von Fondant. Stechen Sie nun Blumen in 3 verschiedenen Farben aus (siehe A).

2. Legen Sie die Blumen auf den Fondant in der vierten Farbe und rollen Sie mit dem Nudelholz darüber, bis die Blumen mit der unteren Schicht verschmelzen (siehe B). Sollten sich die Blumen nicht festrollen lassen, streichen Sie mit dem Pinsel ein wenig Wasser auf die Rückseite der Blumen.

3. Stechen Sie Surfbretter aus und lassen Sie diese mindestens 1 Stunde trocknen (siehe C und D).

4. Überziehen Sie die Cupcakes mithilfe des Palettenmessers mit blauer Buttercreme. Wirbeln Sie das Messer dabei ein wenig herum, um kleine wellenartige Spitzen zu erzeugen (siehe E).

5. Vermengen Sie die Krümel der Butterkekse mit Sandzucker. Bestreuen Sie eine Hälfte des Cupcakes mit der Mischung, um einen Strand zu schaffen (siehe F). Legen Sie die Surfbretter darauf. Verzieren Sie das Arrangement mit tropischen Blumen aus Zucker, Seesternen und Muscheln.

(A) Stechen Sie Blumen aus dem Fondant aus.

(B) Drücken Sie die Blumen mit dem Nudelholz hinein.

(C) Schneiden Sie Surfbretter aus.

(D) Lassen Sie die fertigen Surfbretter trocknen.

(E) Formen Sie Wellen aus blauem Zuckerguss.

(F) Fügen Sie Sand aus Kekskrümeln hinzu.

Schneemann aus weißer Schokolade

Sie brauchen

- Cupcakes, mit Zuckerguss überzogen und mit Kokosraspeln bestreut
- Weiße, gekühlte Schokoladentrüffel (Rezept siehe Seite 140)
- Feine Kokosraspeln
- Royal Icing (Rezept siehe Seite 136) in Schwarz, mittelfeste Konsistenz, in einem Spritzbeutel mit einer runden Spritztülle (Nr. 3)
- Biegbare süße Zuckerstreifen, z. B. Pasta Basta Fruitymix von Haribo
- Kleiner Eiskugelportionierer (Ø 3 cm)
- Zahnstocher
- Backblech mit Back- oder Wachspapier
- Kleine Bastelschere

In diesem Kurs lernen Sie, einen Schneemann aus weißer Schokolade und Kokostrüffeln herzustellen. Ihrer Kreativität sind keine Grenzen gesetzt – verwenden Sie ganz unterschiedliche Süßigkeiten, um den Schneemann zu verzieren. Wir halten es hier einfach und nehmen nur eine Süßigkeit und Royal Icing in einer Farbe. Ein Hut aus Fondant wäre auch hübsch!

Tipp

Sie suchen nach einem einfacheren Gaumenschmaus? Schon die Trüffel allein sind köstlich!

Los gehts!

(A) *Rollen Sie die Trüffelmasse zu einer Kugel.*

1. Nehmen Sie mit dem Eiskugelportionierer ein wenig Trüffelmasse und rollen Sie sie zu kleinen Kugeln (siehe A). Wälzen Sie die Kugeln in feinen Kokosraspeln und legen Sie sie auf das Backblech (siehe B).

2. Spießen Sie eine Kugel auf einen Zahnstocher (siehe C). Fügen Sie eine weitere für den Kopf hinzu (siehe D). Kühlen Sie die Masse, wenn die Schneemänner weich werden und schwer zu verarbeiten sind.

3. Halbieren Sie die Zuckerstreifen der Länge nach für die Schals (siehe E). Kürzen Sie den Streifen entsprechend, um ihn um den Hals des Schneemanns wickeln zu können, und schlitzen Sie den Schal an den Enden für die Fransen ca. 2,5 cm tief ein. Bringen Sie den Schal mithilfe von Royal Icing auf dem Schneemann an. Schneiden Sie von den Zuckerstreifen kleine Dreiecke für die Nasen ab. Befestigen Sie diese ebenfalls mit etwas Royal Icing im Gesicht (siehe F).

4. Fügen Sie mit schwarzem Royal Icing Augen hinzu. Stecken Sie den Schneemann zum Schluss mit dem Zahnstocher in den Cupcake (siehe G).

(B) *Wälzen Sie die Kugel in Kokosraspeln.*

(C) *Spießen Sie die Kugel auf einen Zahnstocher.*

(D) *Spießen Sie eine weitere Kugeln auf.*

(E) *Halbieren Sie die Zuckerstreifen.*

(F) *Fügen Sie Schal und Nase hinzu.*

(G) *Spießen Sie den Schneemann auf den Cupcake.*

Cupcake-Torte

- Cupcakes
- Buttercreme (Rezept siehe Seite 133) in Braun und Grün, in einem Spritzbeutel (35 – 46 cm) mit einer großen Korbgeflechtspritztülle (z. B. Nr. 897 von Ateco) und mit einer sternenförmigen Spritztülle (z. B. Nr. 1M von Wilton oder Nr. 826 von Ateco)
- Verzierungen aus Fondant, z. B. Blätter und Eicheln
- Tortenplatte

Tipp

Wenn Sie die Cupcakes in einer individuellen Form anrichten wollen, zeichnen Sie die Form direkt auf die Platte oder auf eine Vorlage aus Backpapier.

Eine Cupcake-Torte ist eine Torte, die aus sehr vielen einzelnen Cupcakes besteht und anschließend so mit Zuckerguss verziert wurde, dass sie wie eine große Torte aussieht. Sie werden auch Pull-Apart-Torten genannt, da man die Cupcakes zum Servieren voneinander trennt. Meistens werden die verwendeten Cupcakes flach mit Zuckerguss überzogen, damit sie wie eine ebenmäßige Torte aussehen. Ich finde jedoch die Oberfläche dieser Torte sehr spannend, die wir mit einer sternenförmigen Spritztülle geschaffen haben.

Los gehts!

(A) Ordnen Sie die Cupcakes in der gewünschten Form an.

(C) Überziehen und verzieren Sie die Cupcakes mit Zuckerguss.

(B) Verbinden Sie die Cupcakes mit Buttercreme in Kreuzschraffur.

1. Legen Sie die Cupcakes in der gewünschten Form auf die Tortenplatte (siehe A).

2. Sollten Sie die Torte später transportieren oder viel bewegen, geben Sie etwas Royal Icing oder Buttercreme auf die Unterseite der Cupcakes, um Sie auf der Platte zu befestigen. Schieben Sie die Cupcakes beim Anordnen eng aneinander und vermeiden Sie größere Lücken.

3. Verwenden Sie eine große Korbgeflechttülle, um Buttercreme zwischen die Cupcakes zu spritzen und eine Kreuzschraffur zu erzeugen (siehe B). Kühlen Sie die Cupcakes, wenn möglich, damit die Buttercreme trocknen kann.

4. Fahren Sie fort, die Cupcakes mithilfe der sternförmigen Spritztülle mit Buttercreme zu überziehen. Verwenden Sie dafür die

(D) Fügen Sie Verzierungen aus Fondant hinzu.

braune Buttercreme für den Stamm und die Äste sowie die grüne für die Blätter (siehe C). Sie können kreativ sein und Ihren ganz idividuellen Baum entwerfen.

5. Wenn Sie möchten, fügen Sie zum Schluss Verzierungen aus Fondant oder Zucker hinzu (siehe D).

Sie brauchen

- Mini-Cupcakes
- Ganache (Rezept siehe Seite 135), wenn nötig zusätzlicher Doppelrahm, um die Ganache zu verdünnen
- Fondue mit süßem Zuckerguss (Rezept siehe unten)
- Geschnittenes Obst: Erdbeeren, Ananas, Bananen, Orangen
- Verzierungen: bunte Streusel, gehakte Nüsse, Kokosraspeln, Schokosplitter, Zuckerperlen
- Fonduetopf für die Schokolade
- Fonduespieße oder Bambusspieße

Fondue als Dessert ist eine wundervolle Gemeinschaftsaktivität für eine Dinnerparty oder einen Kindergeburtstag. Sie haben die Wahl zwischen Schokoladenfondue und einem Fondue mit süßem Zuckerguss. Mini-Cupcakes und Obst werden eingetunkt und dann mit Streuseln und anderen leckeren Verzierungen versehen. Achten Sie darauf, Teller und Servietten parat zu haben, da die die Zubereitug schnell chaotisch werden kann – es macht aber viel Spaß!

Fondue mit süßem Zuckerguss

Um Fondue mit süßem Zuckerguss herzustellen, verquirlen Sie 375 g Puderzucker, 80 ml Milch und einen Spritzer Vanilleextrakt (oder einen Spritzer Zitronensaft). Ersetzen Sie die Milch durch Fruchtsaft für einen Zuckerguss mit Obstgeschmack. Sollte der Zuckerguss zu dick sein, verdünnen Sie ihn mit zusätzlicher Milch (oder Saft).

Los gehts!

(A) Machen Sie die Ganache flüssig genug für ein leichtes Eintunken.

(B) Tauchen Sie den Cupcake in das Fondue.

(C) Dekorieren Sie mit verschiedenen Garnierungen.

1. Bereiten Sie zunächst die Ganache für das Schokoladenfondue zu. Sie können sie dann entweder gleich im Anschluss verwenden oder später mithilfe eines Wasserbads erwärmen. Verdünnen Sie die Ganache mit Doppelrahm, um eine gute Konsistenz für das Eintunken zu erhalten. Wenn die Ganache zu dick geworden ist, könnten Ihre Cupcakes im Fondue auseinanderfallen (siehe A).

2. Fondue mit süßem Zuckerguss muss nicht erwärmt werden. Verdünnen Sie es, falls nötig, mit Milch oder Saft.

3. Und los gehts: Spießen Sie die Cupcakes auf und tauchen Sie sie in den Zuckerguss oder in die Schokolade (siehe B). Versenken Sie besser nicht den ganzen Cupcake im Fondue, da Sie ihn sonst im Topf verlieren könnten.

4. Zum Schluss können Sie die Cupcakes noch mit frischen geschnittenen Früchten oder anderen Verzierungen Ihrer Wahl verfeinern (siehe C).

Tipp

Geben Sie einen Schuss Likör zur Ganache, z. B. in den Geschmacksrichtungen Kaffee, Haselnuss oder Orange.

Espressotassen

Sie brauchen

- Schokoladen-Cupcakes (Rezept siehe Seite 136), in ofenfesten Espressotassen gebacken
- Moccabuttercreme (Rezept siehe unten)
- Vanillebuttercreme (Rezept siehe Seite 133)
- 2 lebensmittelechte Dosierflaschen
- Zahnstocher

Ich liebe Kaffee und entsprechend auch jeden Nachtisch, der Schokolade und Espresso beinhaltet. Diese Tassen hier sind ein schönes Dessert für ein romantisches italienisches Abendessen. Da Sie in Espressotassen gemacht werden, fallen sie ein bisschen kleiner und weniger üppig aus. Legen Sie eine Kugel Eis oder Cantuccini an die Seite für ein größeres Dessert. In diesem Kurs lernen Sie außerdem eine neue Technik kennen, mit der Sie Buttercreme schmelzen und anschließend als Verzierung verwenden können.

Tipp

Für die Herstellug von Moccabuttercreme vermengen Sie eine kleine Menge Instant-Espresso mit heißem Wasser zu einer feuchten Paste. Geben Sie die Paste ganz nach Geschmack zur Schokoladenbuttercreme.

Los gehts!

(A) *Schneiden Sie die Cupcakes zurecht.*

(B) *Bedecken Sie die Cupcakes mit Moccabuttercreme.*

(D) *Nutzen Sie Zahnstocher, um ein Herz hineinzuzeichnen.*

1. Die Cupcakes sollten unter dem Tassenrand enden. Ragen sie darüber hinaus, schneiden Sie die Cupcakes zurecht (siehe A).

2. Schmelzen Sie die Mocca- und Vanillebuttercreme separat von einander im Wasserbad oder in der Mikrowelle. Füllen Sie jede Buttercreme in eine separate Dosierflasche.

3. Füllen Sie die Espressotassen mit der Moccabuttercreme und bedecken Sie die darunterliegenden Cupcakes vollständig (siehe B).

4. Fügen Sie mit der Vanillebuttercreme einzelne oder mehrere Punkte zu jedem Cupcake hinzu (siehe C). Ziehen Sie einen Zahnstocher durch die Punkte, um daraus Herzen oder ein Muster zu bilden (siehe D und E).

(C) *Geben Sie für den Milchschaum Punkte aus Vanillebuttercreme hinzu.*

(E) *Weitere Verzierungsideen*

Teeparty

- Cupcakes
- Zuckerwürfel
- Royal Icing (Rezept siehe Seite 136), z. B. in Lila und Grün, in einem Spritzbeutel mit einer runden Spritztülle (Nr. 2), einer kleinen Blatttülle (z. B. Nr. 349 von Ateco oder Nr. 352 von Wilton) sowie einer kleinen offenen Sternentülle (z. B. Nr. 16 von Wilton)
- Sandzucker
- Buttercreme (Rezept siehe Seite 133) in einem Spritzbeutel mit großer runder Tülle (z. B. Nr. 806 von Ateco)
- Honig
- Teetassen

Ähnlich wie Kaffee werden Spezialtees auf der ganzen Welt immer beliebter und inzwischen auch für Desserts verwendet. In diesem Kurs lernen Sie, Zuckerwürfel zu verzieren, die ein niedliches Geschenk für eine Teeparty oder ein Mittagessen sind. Ich finde die hier vorgestellt Dekoidee, Cupcakes in Vintage-Teetassen zu servieren, besonders hübsch.

Tipp

Fügen Sie jeweils einerPrise Zimt, Nelken, Kardamom, Ingwer und schwarzen Pfeffer zum Vanille-Cupcake-Teig hinzu und Sie erhalten einen Cupcake-Teig, der nach würzigem Chai schmeckt.

Los gehts!

(A) *Fügen Sie ein grünes Blatt zur Hortensie hinzu.*

(B) *Spritzen Sie kleine Schnörkel.*

(D) *Beträufeln Sie den Cupcake mit Honig.*

1. Es kann sein, dass das Spritzen auf Zuckerwürfel ein wenig Übung bedarf, weil sie so klein sind. Doch schon einfache Blumen oder Monogramme sehen toll aus. Eine Hortensie erhalten Sie, wenn Sie mit der Glasur sehr kleine Sterne in einen Kreis spritzen und so zur Mitte hin eine kleine Kuppel entstehen lassen. Fügen Sie am Rand mit grüner Glasur ein Blatt hinzu (siehe A).

2. Gespritzte Schnörkel sind einfach und schön (siehe B).

3. Nachdem sie eine Seite des Zucker-würfels mit der farbigen Glausur verziert haben, tunken Sie sie in Sandzucker (siehe C).

4. Legen Sie je einen Cupcake in eine Teetasse. Spritzen Sie Buttercreme auf den Cupcake und beträufeln Sie die Creme mit etwas Honig (siehe D). Legen Sie die Zuckerwürfel zum Servieren an den Untertassenrand.

(C) *Tauchen Sie die verzierte Seite in Zucker.*

(E) *Weitere Verzierungsideen.*

35 Mojito

Sie brauchen

- Vanille-Cupcakes (Rezept siehe Seite 146)
- Limettenscheiben
- Weißer Sandzucker
- Limettencreme (Rezept siehe Seite 142)
- Buttercreme mit frischem Minzgeschmack (Rezept siehe unten) in einem Spritzbeutel mit einer großen runden Tülle (z. B. Nr. 806 von Ateco)
- Frische Minzzweige
- Cognacgläser

Der Mojito ist ein traditionelles kubanisches Getränk, bestehend aus Rum, Minze, Zucker, Limetten und Mineralwasser. Es ist ein sehr erfrischender Drink und der Geschmack ist einfach unwiderstehlich. In diesem Kurs lernen Sie, einen alkoholfreien Mojito-Cupcake herzustellen – für ein „echtes" Mojito-Erlebnis können Sie die einzelnen Tortenböden jedoch auch mit Rumsirup bestreichen (Rezept siehe Seite 89)

Tipp

Um Buttercreme mit frischem Minzgeschmack herzustellen, hacken Sie etwas frische Minze fein und rühren diese dann in Vanille-Buttercreme (Rezept siehe Seite 133).

Los gehts!

(A) Reiben Sie den Gläserrand mit Limette ein.

1. Reiben Sie den Gläserrand mit Limette ein und tauchen Sie das Glas sofort in Sandzucker, um einen schönen Zuckerrand zu erhalten (siehe A und B).
2. Füllen Sie das Glas mit etwa 2 Esslöffeln Limettencreme (Siehe C).
3. Stellen Sie einen Cupcake ins Glas (siehe D).
4. Glasieren Sie den Cupcake mit der aromatisierten Buttercreme (siehe E).
5. Verzieren Sie das Ganze mit ein bisschen Minze und einer Limettenscheibe.

Weitere Ideen

Bepinseln Sie den Cupcake vor dem Glasieren mit Rumsirup (Rum und einfacher Sirup im Verhältnis 1:1) für einen alkoholhaltigen Mojito-Cupcake.

(B) Tauchen Sie das Glas anschließend in Sandzucker.

(C) Fügen Sie die Limettencreme hinzu.

(D) Setzen Sie nun den Cupcake in das Glas.

(E) Überziehen Sie ihn zum Schluss mit der minzigen Buttercreme.

Babys
& Kinder

FANTASIEVOLL, MÄRCHENHAFT UND FAST SCHON EIN WENIG ÜBERTRIEBEN, das sind die Begriffe, mit welchen ich die meisten Baby- und Kinderpartys beschreiben würde, die ich in letzter Zeit gesehen habe. Die Planung für eine solche Feier besteht hauptsächlich aus der Suche nach einem passenden Motto und der nötigen Koordination. Selbstgemachte Partydekorationen, Gastgeschenke und natürlich das Essen sind das Rezept für eine gelungene Feier. Die hier vorgestellten Cupcakes sehen alle hinreißend aus und sie sind relativ leicht umzusetzen. So wird Ihre Party sicher zum Erfolg!

KAPITEL

36 Tutu-Cupcakes

- Cupcakes
- Farbiger Fondant, z. B. in Rosa
- Royal Icing (Rezept siehe Seite 136), feste Konsistenz, in einem Spritzbeutel mit einer runden Tülle (Nr. 3)
- Zuckerperlen
- Optional: Farbpulver (Luster Dust) in Rosa
- Farbige Buttercreme, z. B. in Rosa, in einem Spritzbeutel (35–46 cm) mit einer Rüschentülle (z. B. Nr. 70 von Ateco)
- Nudelholz für Fondant
- Ausstecher in Form eines ärmellosen Kleids
- Küchenmesser

Der Tutu-Cupcake ist einer der gefragtesten in unserer Konditorei und wird vor allem für Mädchengeburtstage gerne gekauft. Lassen Sie Ihre kleine Prinzessin die Farbe und das Design des Tutus am besten selbst aussuchen – so werden Mädchenträume wahr!

Tipp

Wenn die Buttercreme weich ist, ist es am besten, die Cupcakes vor dem Aufbringen des Tutus zu kühlen. Sobald die Buttercreme gekühlt ist, schneiden Sie mit dem Küchenmesser einen Schlitz in die Mitte des Cupcakes und drücken das Tutu etwa 1,5 cm tief hinein.

Los gehts!

1. Rollen Sie den Fondant 6 mm dick aus (siehe Seite 34). Stechen Sie nun mit der Ausstechform das Kleid aus (siehe A).

2. Schneiden Sie das untere Stück des Kleides ab, sodass nur ein Leibchen übrig bleibt, und lassen Sie es über Nacht trocknen (siehe B).

3. Füllen Sie die Buttercreme in den Spritzbeutel und spritzen Sie mithilfe einer Rüschentülle das Tutu auf den Cupcake. Halten Sie hierfür die Tülle waagerecht an den Cupcake, üben Sie ausreichend Druck aus und drehen Sie den Cupcake während des Aufspritzens mit der anderen Hand. Insgesamt benötigen Sie ungefähr 3–4 Rüschenreihen. Wenn Sie möchten, können Sie die Rüschen im Anschluss noch mit Zuckerperlen verzieren (siehe C und D).

4. Verzieren Sie das Leibchen mit Perlenschnüren aus Royal Icing und Zuckerperlen. Außerdem können Sie bei Bedarf noch etwas Luster Dust darüber streuen (siehe E).

5. Drücken Sie das untere Ende des Leibchens in die Mitte des Cupcakes (siehe F).

(A) Stechen Sie ein Kleid aus.

(B) Schneiden Sie den unteren Teil des Kleides ab.

(C) Spritzen Sie Rüschen für das Tutu auf den Cupcake.

(D) Spritzen Sie eine zweite Lage Rüschen darauf.

(E) Verzieren Sie das Leibchen.

(F) Platzieren Sie das Leibchen in der Mitte der Rüschen.

Eistüten-Clowns

- Cupcakes ohne Papierförmchen
- Blumenförmige, mit Zuckerguss überzogene Zuckerkekse (Ø 13 cm)
- Vanillebuttercreme in einer kleinen Schüssel
- Gelbe Buttercreme (Rezept siehe Seite 133) in einem Spritzbeutel (30–36 cm) mit einer kleinen offenen Sternentülle (z. B. Nr. 18 von Wilton oder Ateco)
- Orangfarbene Buttercreme in einem Spritzbeutel (30–36 cm) mit einer großen Grastülle (z. B. Nr. 234 von Ateco)
- Mit Zucker überzogene Schokoladenstückchen für Augen und Mund, z. B. M&M's
- Rote Fruchtgummischnur
- Eistüte
- Royal Icing (Rezept siehe Seite 136)
- Palettenmesser (10 cm)
- Schere
- Back- oder Wachspapier

Meine liebste Geburtstagsleckerei als Kind war ein Eistüten-Clown. Diese Cupcake-Clowns wurden von ihnen inspiriert und sehen ihnen sehr ähnlich. Fügen Sie beim Servieren eine Kugel Eis an der Seite hinzu, um beide Rezepte miteinander zu verbinden.

Tipp

Sie können beim Füllen der Tüte mit Eiscreme Streusel hinzufügen, um das Ganze besonders lecker zu machen!

Los gehts!

1. Schmieren Sie einen kleinen Klecks Buttercreme in die Mitte des Zucker- kekses. Platzieren Sie einen Cupcake kopfüber auf dem Keks (siehe A).

2. Überziehen Sie den Cupcake mithilfe des Palettenmessers mit einer dünnen Schicht Vanillebuttercreme (siehe B).

3. Spritzen Sie mit einer Sternentülle einen gelben Rand entlang des Cupcake- rands (siehe C).

4. Spritzen Sie mit der orangefarbenen Buttercreme oben und an den Seiten des Cupcakes die Haare auf. Lassen Sie eine Seite für das Gesicht frei (siehe D).

5. Drücken Sie die Schokoladenkugeln auf das Gesicht für die Nase und die Augen. Schneiden Sie die Fruchtgum- mischnur mit der Schere in zwei 5 cm lange Stücke und legen Sie eines davon als Mund auf das Gesicht.

6. Schmücken Sie die Eistüte mit Streuseln, indem Sie die Öffnung in ein wenig Royal Icing tauchen und danach in bunte Streusel drücken (siehe E). Wiederholen Sie den Vorgang für die Spitze der Tüte, falls gewünscht. Lassen Sie die Eistüte auf Back- oder Wachspapier trocknen. Stellen Sie die Eistüte als Hut auf den Cupcake.

(A) Stellen Sie den Cupcake kopfüber auf den Keks.

(B) Tragen Sie die Vanillebuttercreme auf.

(C) Spritzen Sie einen gelben Rand.

(D) Spritzen Sie anschließend oranges Haar auf.

(E) Tauchen Sie die Eistüten in Royal Icing und Streusel.

Cupcakes für den Filmabend

- Vanille-Cupcakes in rot-weiß gestreiften Förmchen
- Vanille- oder Karamellbuttercreme (Rezept siehe Seite 133 und unten) in einem Spritzbeutel (36–46 cm) mit einer großen runden Tülle (z. B. Nr. 806 von Ateco)
- Karamellpopcorn
- Karamellsoße
- Schokotaler
- Meersalz

Jeder geht gern ins Kino und zu einem perfekten Kinobesuch gehören unbedingt Popcorn und Süßigkeiten! Diese Cupcakes sind die ultimative Filmabendnascherei. Sie bestehen aus süßem und salzigen Karamellpopcorn, Schokotalern und Cupcakes. Servieren Sie diese Variante einfach bei Ihrem nächsten Filmabend oder einer Kinderübernachtungsparty und bringen Sie Ihre Gäste zum Staunen!

Tipp

Um Karamellbuttercreme herzustellen, verrühren Sie Karamellsoße nach Belieben mit Vanillebuttercreme. Streuen Sie etwas Meersalz darüber, um salziges Karamell zu erhalten.

Los gehts!

(A) *Glasieren Sie die Cupcakes.*

(C) *Träufeln Sie Karamellsoße über das Popcorn.*

(D) *Fügen Sie die Schokotaler hinzu.*

(B) *Geben Sie Karamellpopcorn hinzu.*

1. Überziehen Sie die Cupcakes mit einer dünnen Schicht Vanille- oder Karamellbuttercreme (siehe A).

2. Drücken Sie eine Handvoll Karamell-Popcorn in die Buttercreme auf den Cupcakes (siehe B).

3. Träufeln Sie eine kleine Menge Karamellsoße auf das Popcorn (siehe C). Drücken Sie die Schokotaler in die Karamellsoße (siehe D).

4. Bestreuen Sie die Cupcakes mit etwas Meersalz, falls gewünscht (siehe E).

(E) *Bestreuen Sie die Cupcakes mit Meersalz.*

Softeis

- In Eistüten gebackene Cupcakes
- Vanillebuttercreme (Rezept siehe Seite 133) in einem Spritzbeutel (36–46 cm) mit einer großen runden Tülle (z. B. Nr. 806 von Ateco)
- Ganache (Rezept siehe Seite 135) in einer Schüssel (mindestens 10 cm tief)
- Bunte Streusel

Welches Kind mag kein in Schokolade getauchtes und mit reichlich Streuseln verziertes Softeis? Diese Cupcakes sehen dem echten Eis zum Verwechseln ähnlich, nur ist die Eistüte hier mit leckerem Kuchen gefüllt. Bei einem Kindergeburtstag können die Kinder ihre Verzierungen wie Streusel, Nüsse, Kirschen und Schlagsahne selbst aussuchen.

Tipps

- Füllen Sie den Cupcake-Teig in die Eistüten (mit einem flachen Boden), platzieren Sie die Eistüten in einer Muffinform und stellen Sie die Form zum Backen vorsichtig in den Ofen. Zur Stabilisation können Sie Alufolie in die Lücken stecken.
- Sollte die Ganache nicht gleich trocknen, stellen Sie die Eistüten in den Kühlschrank.

Los gehts!

(A) Glasieren Sie die Cupcakes mit einem hohen Spirale aus Buttercreme.

(B) Tauchen Sie den Cupcake in die Ganache.

(C) Lassen Sie überschüssige Ganache abtropfen und den Cupcake dann kurz trocknen.

(D) Rollen Sie den unteren Rand der Schokoladenglasur in den Streuseln.

1. Spritzen Sie die Buttercreme in einer Spriale, etwa 7 cm hoch, auf die Cupcakes (siehe A).
2. Kühlen Sie die Cupcakes etwa 20–30 Minuten oder bis die Buttercreme sich komplett gesetzt hat.
3. Erhitzen Sie etwas Ganache in der Mikrowelle oder im Wasserbad, bis sie gerade warm und flüssig ist.
4. Drehen Sie den Cupcake auf den Kopf und tauchen Sie ihn in die Ganache (siehe B). Lassen Sie überschüssige Ganache einige Sekunden abtropfen (siehe C). Drehen Sie den Cupcake wieder um und lassen Sie die Schokolade etwa 30 Sekunden trocknen.
5. Rollen Sie den Eistütenrand in den bunten Streuseln (siehe D).

Eulen-Cupcakes

- Cupcakes
- Vanillebuttercreme (Rezept siehe Seite 133)
- große und kleinere Schokoladen-Doppelkekse mit Cremefüllung, z. B. Oreo-Kekse
- Royal Icing (siehe Rezept auf Seite 136)
- Kleine mit Zucker überzogene Schokoladenstückchen, z. B. Smarties oder Mini-M&M's
- Jelly Beans
- Palettenmesser (10 cm)

Tipp

Lassen Sie Ihr Kind einen eigenen Cupcake entwerfen mit genau denselben Zutaten. Sie werden überrascht sein, wie kreativ es mit den Süßigkeiten umgehen wird!

Mein Sohn liebt Eulen, seit er reden kann. Diese flauschigen, mysteriösen Vögel mit ihren großen Augen sind wundervolle Cupcakes – besonders, wenn sie mit Süßigkeiten und Keksen verziert sind!

Los gehts!

1. Streichen Sie eine dünne Schicht Buttercreme auf den Cupcake. Bedecken Sie danach die gesamte Fläche mit den kleinen Schokoladenstückchen (siehe A).

2. Heben Sie die Deckel der Doppelkekse ab und entfernen Sie die Creme.

3. Halbieren Sie die normalgroßen Doppelkekse für die Flügel. Verteilen Sie etwas Royal Icing auf der Rückseite und legen Sie die Flügel auf den Cupcake (siehe B und C).

4. Spritzen Sie mit dem Royal Icing einen Punkt in die Mitte von 2 kleinen Schokoladenkeksen und fügen Sie auf jedem ein kleines Schokoladenteilchen als Auge hinzu.

5. Verteilen Sie weitere Glasur auf der Rückseite der Augen und befestigen Sie sie auf den Cupcake (siehe D).

6. Fügen Sie eine Geleebohne als Eulenschnabel hinzu.

(A) Bedecken Sie den Cupcake flächig mit Schokoladenstückchen.

(B) Verteilen Sie Glasur auf der Rückseite der Flügel.

(D) Legen Sie die fertigen Augen dazu.

(C) Platzieren Sie die Flügel auf dem Cupcake.

(E) Fügen Sie zum Schluss eine Geleebohne als Schnabel hinzu.

41 Eiernester

- Cupcakes
- Grüne Buttercreme (Rezept siehe Seite 133) in einem Spritzbeutel (37 cm) mit einer großen Blatttülle (z. B. Nr. 366 von Wilton)
- Braune Buttercreme (Rezept siehe Seite 133) in einem Spritzbeutel (37 cm) mit einer großen Grastülle (z. B. Nr. 234 von Ateco)
- Geröstete Kokosflocken
- Jelly Beans

Diese niedlichen Eiernester passen perfekt zu Ihrem nächten Osterfest, aber auch auf Babypartys werden sie sicher sehr gut ankommen. Ein Zitronen-Cupcake ist zusammen mit den gerösteten Kokosnussflocken eine köstliche Kombination, oder wie wärs mit Ihrem Lieblings-Cupcake-Rezept? Die Geleebohnen geben den Nestern den letzten Schliff – Naschkatzen dürfen sich freuen!

Tipp

Kaufen Sie anstelle von einfarbigen Geleebohnen fleckige, damit sie mehr nach Eiern aussehen.

Weitere Ideen

Stellen Sie die Cupcakes in witzige Cupcake-Wraps, um sie noch besser zu präsentieren.

Los gehts!

(A) Spritzen Sie einen Blätterring auf den Cupcake.

(B) Danach folgt ein Kreis für das Nest.

1. Spritzen Sie mit der grünen Buttercreme einen Ring aus Blättern auf den Rand des Cupcakes, während Sie ihn in Ihrer Hand drehen (siehe A).

2. Anschließend folgt ein Ring aus brauner Buttercreme, der sich direkt an den Blätterrand anschließt (siehe B). Es folgen weitere Schichten, sodass ein ganzes Nest entsteht (siehe C).

3. Füllen Sie das Nest mit gerösteten Kokosflocken (siehe D). Legen Sie zum Abschluss noch ein paar Jelly Beans als Eier hinein (siehe E).

(C) Fügen Sie weitere Schichten hinzu.

(D) Füllen Sie das Nest mit den Kokosflocken.

(E) Geben Sie Jelly Beans als Eier ins Nest.

Hochzeiten

ICH BIN KONDITORIN GEWORDEN, weil ich unbedingt Hochzeitstorten herstellen wollte. Das war vor dreizehn Jahren und Hochzeitstorten sind auch jetzt noch ein großer Teil meiner Arbeit. Während der letzten Jahre eröffneten überall kleine Cupcake-Läden und jedes Mal dachte ich, dass dieser Trend bestimmt bald nachlassen würde. Doch tatsächlich ist es so, dass wir jedes Jahr mehr Cupcakes für Hochzeiten und Babypartys herstellen. Cupcakes sehen hübsch aus, sie sind leicht zu transportieren und nicht zu kostspielig. In diesem Kapitel lernen Sie, wie man mehrstöckige Hochzeits-Cupcakes, Cupcakes mit Monogramm und Cupcakes in Schnaps- und Einweckgläsern herstellt.

- Extragroße Cupcakes
- Normalgroße Cupcakes
- Vanillebuttercreme (Rezept siehe Seite 133) in einem Spritzbeutel (36–46 cm) mit einer großen runden Tülle (z. B. 806 von Ateco)
- Zusätzliche Vanillebuttercreme in einem Spritzbeutel (30 cm) mit einer kleinen runden Tülle (Nr. 5)
- Zuckerblumen
- Zahnstocher
- Zuckerperlen

Diese Cupcake sind inspiriert von einer herkömmlichen Hochzeitstorte und sind eine hübsche Alternative zu einzelnen Torten, die man normalerweise auf Hochzeiten sieht. Sie können ein Türmchen pro Pärchen servieren oder sie als Gastgeschenk in einer durchsichtigen Box verpacken.

Tipp

Achten Sie darauf, Ihren Gästen zu sagen, dass sich in der Mitte des Cupcakes ein Zahnstocher befindet. Sie sollten es eigentlich bemerken, wenn sie die Verpackung ablösen, aber gehen Sie lieber auf Nummer sicher.

Los gehts!

(A) Stechen Sie den Zahnstocher von unten bis zur Hälfte in einen normalgroßen Cupcake.

(B) Befestigen Sie den kleineren Cupcake mit dem Zahnstocher auf dem größeren.

1. Spritzen Sie mit der großen runden Tülle eine Spirale aus Buttercreme auf den Riesen-Cupcake.
2. Stechen Sie einen Zahnstocher von unten bis zur Hälfte in einen normalgroßen Cupcake (siehe A). Platzieren Sie den normalgroßen Cupcake mithilfe des Zahnstochers auf dem großen Cupcake (siehe B).

(C) Spritzen Sie Buttercreme auf den Cupcake.

(D) Fügen Sie eine perlschnurförmige Linie hinzu.

3. Spritzen Sie nun eine Spirale aus Buttercreme auf den normalgroßen Cupcake (siehe C).
4. Fügen Sie mit der kleinen runden Tülle einen perlschnurförmigen Rahmen am äußeren Rand des größeren Cupcakes sowie am unteren Rand des kleineren Cupcakes hinzu (siehe D).
5. Verzieren Sie die Cupcakes mit Zuckerperlen und einer Zuckerblume, falls gewünscht.

Cupcakes mit Monogramm

- Mit Zuckerguss überzogene Cupcakes
- Farbiger Fondant, z. B. in Weiß und Gelb
- Speisestärke
- optional: Farbpulver (Luster Dust oder Royal Icing (siehe Seite ...)
- Kleines Nudelholz für Fondant
- Runde geriffelte Ausstech-formen in 2 Größen (Ø 5,5 cm, 4,5 cm)
- Monogrammstempel
- Kleiner Farbpinsel

Ein Monogramm besteht normalerweise aus zwei oder drei Buchstaben, aber man sieht bei Dekors für Hochzeiten und Partys immer öfter auch nur einen Buchstaben. Das Monogramm wird häufig für Einladungen, Servietten, Bettwäsche und Dessertverzierungen verwendet. In diesem Kurs lernen Sie, wie man verschiedene Techniken für Fondant in einem niedlichen Cupcake vereint.

Tipp

Verwenden Sie bei einer Babyparty oder einem ersten Geburtstag helle, freundliche Farben sowie einen Alphabetstempel mit einer verspielten Schriftart.

Los gehts!

1. Rollen Sie den gelben Fondant 6 mm dick aus (siehe Seite 34). Stechen Sie mit dem größeren Ausstecher Scheiben aus Fondant aus.

2. Danach ist der weiße Fondant an der Reihe. Drücken Sie den Monogramm-Stempel in den ausgerollten Fondant (siehe A und B).

3. Platzieren Sie den kleineren Ausstecher mittig über dem Monogramm und stechen Sie eine Scheibe aus (siehe C).

4. Bestreichen Sie die größere Scheibe mit etwas Wasser (siehe D). Platzieren Sie die kleinere Scheibe mittig auf der größeren (siehe E). Bepinseln Sie jetzt das Monogramm mit Luster Dust oder ziehen Sie die Linien mit Royal Icing nach, wenn Sie das Monogramm noch mehr hervorheben wollen.

5. Lassen Sie die Fondantscheiben einige Stunden trocknen. Danach können Sie die Scheiben mit dem Monogramm auf den Cupcakes aufbringen.

(A) *Legen Sie sich den Stempel Fondant zu Hand.*

(B) *Machen Sie einen Abdruck.*

(D) *Bepinseln Sie die größere Scheibe mit etwas Wasser.*

(C) *Stechen Sie einen Kreis mit dem Monogramm aus.*

(E) *Kleben Sie die Scheiben zusammen.*

44 Tiramisu im Schnapsglas

- Mini-Vanille-Cupcakes
- Mascarponecreme (Rezept siehe unten) in einem Spritzbeutel (30 cm) mit einer großen runden Tülle (z. B. Nr. 804 von Ateco)
- Kahlúa-Sirup
- Geraspelte Schokolade
- Kakaopulver
- Schnapsgläser

Desserttafeln sind bei Hochzeiten sehr beliebt. Ich fertige normalerweise eine kleinere Hochzeitstorte an und kreiere dann acht bis zehn unterschiedliche Variationen von mundgerechten Desserts. Ich benutze dazu gerne Schnapsgläser mit Mokkalöffeln für Pots de Crème, verschiedene Mousses und Mini-Cupcakes. Die hier gezeigten Tiramisu-Schnapsgläser sehen raffiniert aus und schmecken fantastisch!

Tipps

- Zum Herstellen von Mascarponecreme vermischen Sie zu gleichen Teilen Frischkäsebuttercreme-Zuckerguss (Rezept siehe Seite 133) und Mascarpone. Sollte die Creme zu süß für Sie sein, geben Sie mehr Mascarpone hinzu.

- Für die Herstellung von Kahlúa-Sirup geben Sie einen Teil Kahlúa zur doppelten Menge einfachen Sirups.

Los gehts!

1. Spritzen Sie die Mascarponecreme ca. 2 cm hoch in ein Schnapsglas (siehe A).

2. Entfernen Sie das Förmchen des Mini-Cupcakes und stellen Sie den Cupcake auf die Creme (siehe B).

3. Bepinseln Sie die Oberfläche des Cupcakes großzügig mit Kahlúa-Sirup. Sollte etwas Sirup an den Seiten herunterlaufen, ist das kein Problem (siehe C).

4. Spritzen Sie einen weiteren Klecks Mascarponecreme auf den Cupcake, sodass er in einer kleinen Spirale endet (siehe D).

5. Verzieren Sie den Cupcake abschließend mit Schokoladenraspeln und Kakaopulver (siehe E).

Weitere Ideen

Sollten Sie keine Schnapsgläser verwenden wollen, können Sie die Cupcakes auch wunderbar mit Mascarponecreme befüllen. Lassen Sie den Cupcake hierzu im Förmchen, höhlen Sie den Cupcake aus und füllen Sie ihn mit anschließend mit Mascarponecreme. Fahren Sie mit Schritt 3 fort. Überziehen Sie ihn zum Schluss mit Moccabuttercreme (siehe Seite 84).

(A) Füllen Sie die Creme in das Schnapsglas.

(B) Stellen Sie den Cupcake auf die Creme.

(D) Spritzen Sie erneut etwas Mascarponecreme auf den Cupcake.

(C) Bepinseln Sie den Cupcake mit Sirup.

(E) Verzieren Sie den Cupcake.

Erdnussbutter-Marmeladen-
Einweckgläser

Sie brauchen

- Vanille-Cupcakes (Rezept siehe Seite 140)
- Himbeermarmelade
- Erdnussbutter-Buttercreme (Rezept siehe unten)
- Gehackte Erdnüsse
- Palettenmesser (10 cm)
- Einweckgläser

Einweckgläser, gefüllt mit Süßem, sind wunderbare Gastgeschenke für Partys, Hochzeiten auf dem Lande oder eine Geburtstagsfeier. Kinder (und Erwachsene!) werden diese Cupcakes, die mit Erdnussbutter und Marmelade verfeinert sind, lieben. Und das Glas kann wiederverwendet werden!

Tipps

- Für die Herstellung von Erdnussbutter-Buttercreme mischen Sie nach Belieben Erdnussbutter mit Vanille-Buttercreme (Rezept siehe Seite 133).
- Bringen Sie ein Band und einen Anhänger am Glas an. So wird daraus ein wundervolles Gastgeschenk für Partys unter freiem Himmel.
- Wir haben den Zuckerguss mit einem Palettenmesser auf die Cupcakes aufgetragen, um sie rustikaler aussehen zu lassen. Sie können aber auch einen Spritzbeutel dafür verwenden, wenn es Ihnen so leichter fällt.

Los gehts!

(A) *Geben Sie Marmelade in das Einweckglas.*

(B) *Legen Sie den Cupcake darauf.*

1. Verteilen Sie Marmelade auf dem Glasboden (siehe A).

2. Entfernen Sie das Papierförmchen und platzieren Sie den Cupcake anschließend in der Mitte des Glases auf der Marmelade (siehe B).

3. Geben Sie mit dem Palettenmesser Erdnussbutterbuttercreme auf den Cupcake (siehe C).

4. Bestreuen Sie den Cupcake großzügig mit gehakten Erdnüssen (siehe D).

(C) *Streichen Sie Erdnussbutter-Buttercreme auf den Cupcake.*

(D) *Bestreuen Sie den Cupcake mit Erdnüssen.*

Weitere Ideen

Für ein Cupcake-Schichtdessert brechen Sie zwei Cupcakes in ca. 2–3 cm große Stücke und schichten diese wie zuvor beschrieben abwechselnd mit der Marmelade und der Buttercreme in das Einweckglas, bis das Glas ganz gefüllt ist.

Cupcakes mit dem gewissen Extra

IN DIESEM KAPITEL LERNEN SIE einige ganz außergewöhnliche Cupcake-Rezepte kennen: z. B. Käsekuchen-Cupcakes oder verführerische Schokoladen-Cupcakes, die ganz ohne Mehl auskommen. Außerdem stelle ich Ihnen ein paar witzige Desserts vor, die im Moment besonders angesagt sind, wie z. B. Cupcake-Pops und Kuchentrüffel. Eines ist sicher, diese Rezepte werden auf der nächsten Party allen anderen Desserts die Show stehlen.

Käsekuchen-Cupcakes

- Runde Kekse (ø 4,5 cm), z. B. Ingwerplätzchen oder Eierplätzchen
- Vanille-Käsekuchenteig (Rezept siehe Seite 139)
- Frische Himbeeren
- Zitronencreme wie Lemon Curd (Rezept siehe Seite 142)
- Zuckerblumen oder zusätzliche Himbeeren zum Verzieren
- Cupcake-Förmchen
- Cupcake-Kuchenform
- Kleiner Eisportionierer
- Palettenmesser (10 cm) oder kleiner Löffel

Das Ursprungsrezept stammt von meiner Mutter, sodass mich diese Cupcakes meine ganze Kindheit hindurch begleitet haben und auf keiner Familienfeier fehlen durften. Sie verwendete damals Nilla-Wafers-Kekse als Boden und Kirschkuchenfüllung als Garnierung. Diese Version hier ist eine Fortführung des ursprünglichen Rezepts mit aromatischer Zitronencreme und frischen Himbeeren. Eine süße Zuckerblume ist die perfekte Verzierung.

Hausgemachter Cupcake-Boden

Stellen Sie mit Ihrem Lieblingskeksrezept Ihren eigenen Cupcake-Boden her! Rollen Sie den Keksteig ca. 1,3 cm dick aus. Verwenden Sie einen runden Ausstecher (ø 4,5 cm) und stechen Sie entsprechend der gewünschten Cupcake-Anzahl Kekse aus. Anschließend müssen sie nur noch gebacken werden. Überzählige Kekse können ganz einfach in einem Gefrierbeutel oder einer Plastikdose eingefroren werden.

Los gehts!

1. Legen Sie die Förmchen in die Cupcake-Kuchenform. Platzieren Sie in jedem Förmchen einen runden Keks (siehe A).

2. Geben Sie mit dem Eisportionierer eine Kugel Käsekuchenteig in jedes Förmchen (siehe B).

3. Drücken Sie eine Himbeere in die Mitte jeder Teigportion und geben Sie zusätzlichen Teig darauf, bis das Förmchen zu drei Vierteln gefüllt ist (siehe C).

4. Backen Sie die Cupcakes 20–30 Minuten bei 150 °C, bis die Mitte gerade fest ist (siehe D). Lassen Sie die Cupcakes anschließend abkühlen.

5. Geben Sie eine dünne Schicht Zitronencreme mit einem Paletten-messer oder Löffel oben auf jeden Cupcake (siehe E).

6. Verzieren Sie die Cupcakes mit einem Gänseblümchen aus Zucker oder einer frischen Himbeere (siehe F).

(A) Legen Sie einen Keks in die Förmchen.

(B) Löffeln Sie Teig in Sie hinein.

(C) Geben Sie eine Himbeere und mehr Teig hinzu.

(D) Backen Sie die Cupcakes, bis sie gerade fest sind.

(E) Verteilen Sie Zitronencreme auf den gebackenen Cupcakes.

(F) Verzieren Sie die Cupcakes mit Zuckerblumen.

47 Kuchentrüffel

- Kuchenkrümel, z. B. von einem Zitronenkuchen
- Buttercreme (Rezept siehe Seite 133)
- Weiße geschmolzene Schokolade oder Schmelz-drops (Candy Melts)
- Streusel
- Kleiner Eiskugelportionierer (Nr. 70)
- Ein mit Back- oder Wachspa-pier belegtes Backblech
- Optional: Kokosraspeln, Streusel zum Verzieren

Cake Balls und Cake Pops sind seit einiger Zeit sehr angesagt. Ich ziehe Cake Balls tendenzi-ell vor, da sie wie Trüffel aussehen, elegant verpackt und leichter präsentiert werden können. Wenn Sie Cake Pops für einen schönen Kindergeburtstag machen möchten, benötigen Sie zusätzlich nur ein Holzstäbchen.

Tipps

- Beim ersten Schritt der Anleitung können Sie Krümel und Buttercreme mit einem Löffel vermengen, aber achten Sie darauf, dass Sie die Krümel nicht zerdrücken, sonst werden die Trüffel zu weich. Ich arbeite deshalb lieber mit den Händen.

- Wenn Sie die Trüffel in die Schokolade tauchen, halten Sie die Schokolade mit einem Stövchen warm. Achten Sie jedoch darauf, dass sie nicht zu heiß wird.

Los gehts!

1. Geben Sie die Kuchenkrümel in eine große Schüssel. Fügen Sie nach und nach kleine Kleckse Buttercreme hinzu, während Sie die Krümel mit Ihren Händen oder einem Löffel vermengen.

2. Geben Sie genau so viel Buttercreme hinzu, dass Sie gerade eine kleine Kugel formen können, ohne dass sie auseinander fällt. Kneten oder rühren Sie keinesfalls zu lange (siehe A).

3. Nutzen Sie einen Eiskugelportionierer, um den Teig zu portionieren. Rollen Sie die Kugeln in Ihren Händen und legen Sie sie auf ein Tablett. Kühlen Sie die Kugeln einige Stunden, bis sie fest sind (siehe B).

4. Tauchen Sie die Kugeln in geschmolzene Schokolade oder Schmelzdrops und nehmen Sie die Kugeln wieder mit einer Gabel heraus (siehe C). Schlagen Sie die Gabel leicht gegen den Schüsselrand, um überschüssige Schokolade loszuwerden. Legen Sie die Kugeln auf ein mit Back- oder Wachspapier belegtes Backblech (siehe D).

5. Falls gewünscht fügen Sie Streusel hinzu, solange die geschmolzenen Schmelzdrops oder die Schokolade noch feucht sind (siehe E).

Weitere Ideen

- Beträufeln Sie die Cake Balls mit einer weiteren Schokoladensorte, sobald die erste Glasur getrocknet ist.
- Rühren Sie für etwas Abwechslung Kokosraspeln unter den Teig.

(A) Verrühren sie die Zutaten so lange, bis Sie eine kleine Kugel formen können.

(B) Portionieren Sie die Kugeln und formen Sie sie mit Ihren Händen.

(C) Überziehen Sie die Kugeln mit Schokolade.

(D) Legen Sie die Kugeln auf ein Blech.

(E) Fügen Sie Streusel hinzu.

Sie brauchen

- 1,3 cm dicke Kuchenschichten, z. B. Zitronenkuchen
- Marmelade, z. B. Erdbeere, in einem Spritzbeutel (30 cm) mit einer großen runden Tülle (z. B. Nr. 804 von Ateco)
- Aromatisierte Buttercreme (Rezept siehe Seite 133), z. B. Erdbeere, in einem Spritzbeutel (30 cm) mit einer großen runden Tülle (z. B. Nr. 804 von Ateco)
- Streusel oder essbares Konfetti
- Runde Ausstechform (ø 5 cm)
- Schiebe-Eis-Behälter

Schiebeeis, das mit Kuchen befüllt ist, liegt gerade sehr im Trend! Es lässt sich leicht transportieren und kann mit vielen verschiedenen Füllungen kombiniert werden. Die Behälter müssen Sie zwar zuvor kaufen, Sie können sie jedoch immer wieder verwenden. Außerdem gibt es viele witzige Möglichkeiten, sie ansprechend zu präsentieren.

Tipp

Mini-Cupcakes passen auch in die Behälter. Sie werden die Behälter dann jedoch nur mit jeweils zwei Cupcakes und einer Schicht Füllung dazwischen bestücken können. Die Cupcakes können auch horizontal halbiert werden, wenn Sie sich mehr Füllung wünschen. Als Füllung kommen Marmelade, Quark, Ganache oder Zuckerguss infrage.

Los gehts!

1. Stechen Sie mit der Ausstechform Kreise aus dem Kuchen. Legen Sie die Kreise unten in den Schiebe-Eis-Behälter (siehe A).

2. Spritzen Sie eine dünne Schicht Marmelade auf die Kuchenschicht (siehe B).

3. Danach folgt eine weitere Lage Kuchen (siehe C).

4. Spritzen Sie eine dünne Schicht Buttercreme darauf (siehe D).

5. Geben Sie eine dritte Schicht Kuchen hinzu und runden Sie das Ganze mit zusätzlicher Buttercreme ab (siehe E und F).

6. Verzieren Sie den Cupcake mit Streuseln.

(A) *Legen Sie das runde Kuchenstück unten in den Behälter.*

(B) *Fügen Sie eine Lage Marmelade hinzu.*

(C) *Dann folgt eine zweite Kuchenschicht.*

(D) *Spritzen Sie Buttercreme darauf.*

(E) *Fügen Sie eine dritte Tortenschicht hinzu.*

(F) *Runden Sie das Ganze mit Buttercreme ab.*

Rosiger Napfkuchen

- Cupcake-Teig, z. B. Vanille-Kardamom-Mischung (Rezept für Vanille-Cupcakes siehe S. 140)
- Rosenwasser-Zuckerguss (siehe Rezept unten)
- Essbare Rosenblätter
- Eiweiß
- Feinster Zucker
- Minibackform, z. B. eine Rose
- Kuchengitter
- Backblech

Ein Cupcake kann in vielen verschiedenen Formen gebacken werden. Wir backen unseren Vanille-Cupcake-Teig (mit einem kleinen bisschen Kardamom für das gewisse Extra) in einer Napfkuchenformen als Mini-Rosen und beträufeln sie mit Rosenwasser-Zuckerguss. Kandierte Rosenblätter runden das Bild perfekt ab.

Tipps

- Für die Herstellung von Rosenwasser-Zuckerguss verrühren Sie 60 g Puderzucker mit 30 – 45 ml Doppelrahm. Geben Sie für den Geschmack etwas Rosenwasser hinzu (weniger als 1 EL).
- Bei Schritt 2 können Sie den Zuckerguss, der sich während des Beträufelns unter dem Gitter sammelt, wiederverwenden.

Los gehts!

(A) Backen Sie den Cupcake-Teig in einer Napfkuchenform.

(B) Beträufeln Sie den fertigen Kuchen nach dem Abkühlen mit Zuckerguss.

(C) Geben Sie mehr Zuckerguss hinzu.

(D) Reiben Sie zum Entfernen überschüssigen Zuckers leicht über die Blütenblätter.

1. Fetten Sie zuerst die Napfkuchenform ein und füllen Sie sie dann zu drei Vierteln mit dem Teig. Backen Sie den Teig so lange, bis man einen Zahnstocher hineinstecken und wieder herausziehen kann, ohne dass Teigreste zurückbleiben. Lassen Sie die Kuchen vor dem Herauslösen 5 Minuten in der Form abkühlen (siehe A).

2. Stellen Sie ein Kuchengitter auf ein Backblech, legen Sie die Kuchen darauf und beträufeln Sie sie mit dem bereits vorbereiteten Zuckerguss, bis die gesamte Oberfläche bedeckt ist (siehe B und C).

3. In Kurs 9 (siehe Seite 28) erfahren Sie mehr über gezuckerte Blumen. Bepinseln Sie die Blütenblätter mit Eiweiß und bestreuen Sie sie mit dem Zucker. Reiben Sie mit Ihren Fingern leicht über die Blütenblätter, um überschüssigen Zucker zu entfernen (siehe D).

Schokoküchlein
ohne Mehl

- Schokoladenkuchenteig ohne Mehl (Rezept siehe Seite 139)
- Ganache (Rezept siehe Seite 135)
- Himbeermarmelade in einem Spritzbeutel mit einer runden Tülle (Nr. 3)
- Himbeeren als Verzierung
- Backförmchen aus Porzellan oder Silikon
- Bratpfanne
- Kuchengitter
- Backblech

Schokoladenküchlein ohne Mehl sind schon seit Jahren auf meiner Dessertkarte und ich bin immer noch ein großer Fan von ihnen. Die Herstellung ist überraschend einfach, sie sehen aber sehr schick aus und schmecken vorzüglich (auch glutenfreii!)

Tipps

- Stellen Sie die gefüllten Förmchen auf ein Backblech und schieben Sie dieses in den Ofen, bevor Sie vorsichtig heißes Wasser auf das Backblech gießen. So vermeiden Sie, dass Wasser an den Teig kommt.
- Gestalten Sie die Teller, auf denen Sie die Küchlein anrichten, unterschiedlich – probieren Sie Karamellsoße, Englische Creme, weiße Schokolade oder Orangenmarmelade.

Los gehts!

(A) *Stellen Sie die Törtchenform in das Wasserbad.*

(B) *Legen Sie die Cupcakes auf ein Gitter.*

(D) *Füllen Sie Lücken mit einem Palettenmesser.*

1. Füllen Sie die Backförmchen zu drei Vierteln mit Kuchenteig und stellen Sie sie auf ein Backblech. Gießen Sie heißes Wasser auf das Backblech, bis es bis zur Hälfte der Förmchen reicht (siehe A).

2. Backen Sie die Cupcakes bei 150 °C 20 – 25 Minuten, bis sie in der Mitte fest sind. Lassen Sie die Cupcakes vollständig auskühlen und lösen Sie sie erst dann aus den Förmchen, um sie auf ein Kuchengitter zu legen (siehe B).

3. Legen Sie das Gitter mit den Cupcakes über ein Backblech und überziehen Sie jeden Cupcake mit Ganache (siehe C). Arbeiten Sie zusätzlich mit einem Palettenmesser, damit auch die Seiten bedeckt sind (siehe D). Lassen Sie die Törtchen trocknen. Die Ganache, die sich auf dem Backblech gesammelt hat, kann wiederverwendet werden.

4. Spritzen Sie Marmelade mit dem Spritzbeutel auf den Teller und platzieren Sie einen Cupcake darauf (siehe E). Verzieren Sie ihn abschließend mit den Himbeeren.

(C) *Überziehen Sie die Törtchen mit Ganache.*

(E) *Legen Sie die Cupcakes auf die bereits verzierten Teller.*

Präsentation

DIE ANSPRECHENDE PRÄSENTATION
eines Desserts ist für mich unerlässlich. Ein einfacher,
mit Zuckerguss überzogener Cupcake kann mit dem
richtigen Papierförmchen, der richtigen Verpackung
oder Positionierung auf einer kunstvoll dekorierten
Desserttafel wunderschön aussehen. Cupcakes sind
außerdem tolle Geschenke, doch gerade hier kommt
es auf die Verpackung an. Ich durchforste für mein
Leben gern Antiquitätenläden, Discounter und
Räumungsverkäufe nach Tortenständern, Platten
und Etageren für meine Sammlung.

KAPITEL 10

Etageren & Cupcake-Ständer

- Cupcakes
- Etageren
- Cupcake-Ständer
- Hübsches Glasgeschirr
- Dekorative Teller und Platten

Für die Präsentation von Cupcakes verwende ich sehr selten eine riesige Etagere. Ich bevorzuge hingegen eine kleinere Variante, kombiniert mit verschiedenen anderen Cupcake-Ständern und Platten. Sollten Sie Zeit haben, weitere Desserts zuzubereiten oder ein paar Süßigkeiten zu kaufen, wird die Tafel noch festlicher.

Tipp

Füllen Sie Glasbehälter und Vasen mit Obst, lustigen Strohhalmen, Kandiszucker, Lutschern und Lakritze, damit Ihre Tafel etwas an Höhe gewinnt.

Los gehts!

(A) Etageren für Cupcakes liegen im Trend und werden oft als Ersatz für die traditionelle Hochzeitstorte verwendet. Achten Sie jedoch darauf, nur einen einstöckigen Tortenständer zu verwenden. So liegt der Fokus vollständig auf der Torte und das Brautpaar kann sie problemlos anschneiden

(B) Auch Desserttafeln sieht man inzwischen sehr häufig auf Hochzeiten, Geburtstagen oder Partys. Am besten entscheiden Sie sich vorab für ein bestimmtes Motto

(A) *Einstöckiger Tortenständer für ein erleichtertes Anschneiden.*

und eine Farbwelt. Außerdem ist es hilfreich, eine Torte oder einen Cupcake-Ständer in der Mitte zu positionieren, von dem ausgehend Sie den Tisch dekorieren. Arbeiten Sie außerdem mit verschiedenen Höhen, das bringt Spannung in die Tafel. Handgemachte Schilder geben dem Ganzen etwas sehr Persönliches.

Schrecken Sie nicht davor zurück, verschiedene Arten von Tortenständern, Etageren und Platten zu kombinieren. Schaffen Sie eine leuchtende, wilde Mischung mit vielen Farben und Materialien, oder eine klare, moderne Präsentation in Glas, Silber und Weiß.

(B) *Desserttafel*

Bänder, Wraps & Verpackungen

- Cupcake-Schachteln mit Einsätzen
- Zellophan-Tüten
- Durchsichtige Plastikbecher mit Deckeln (400 ml)
- Cupcake-Wraps
- Boxen aus dem Asia-Imbiss
- Cupcake-Dekosets

Cupcakes sind nicht leicht zu verpacken, weil sie schnell kaputt gehen und umfallen können, wenn sie keinen Halt haben. Online und in Bastelläden sind jedoch einige sehr niedliche Verpackungen erhältlich. Nachfolgend finden Sie ein paar neue Ideen und Tipps, wie Sie Ihre Verpackung mit wenigen Hilfsmitteln ganz leicht selbst kreieren.

Cupcake-Dekosets

Tipp

Cupcake-Dekosets sind überall erhältlich und beinhalten schon zusammengehörige Förmchen und Dekoaufsätze. Damit können Sie Cupcakes großartig Ihrem Motto anpassen, wenn Sie nicht viel Zeit haben.

Los gehts!

(A) *Schachtel mit Einlage*

(A) Verwenden Sie Einsätze für Cupcakes oder reihen Sie die Cupcakes nebeneinander in der Schachtel auf, damit sie beim Transportieren nicht verrutschen.

(B) Für ein Gastgeschenk nehmen Sie eine durchsichtige Cupcake-Schachtel oder eine durchsichtige Zellophan-Tüte mit einem Bändchen. Eine Tüte eignet sich am besten für Cupcakes mit Fondant, da Buttercreme an der Tüte kleben bleiben kann.

(C) In unserer Konditorei packen wir einzelne Cupcakes häufig in einen auf dem Kopf stehenden Becher mit Deckel – so ist er leicht zu transportieren und Sie können den Becher wiederverwenden!

(D) Boxen aus dem Asia-Imbiss gibt es in verschiedenen Farben, auch in durchsichtig. Sie sind eine weitere tolle Verpackungsmöglichkeit.

(E) Cupcake-Wraps werden immer beliebter. Gestalten Sie Ihre Eigenen, indem Sie eine Vorlage schaffen und mit Schere und Locher ein Förmchen basteln, oder kaufen Sie die Förmchen im Bastelladen oder online.

(B) *Durchsichtige Tüte mit Cupcake*

(C) *Cupcake im Plastikbecher*

(D) *Asia-Box*

(E) *Cupcake-Wraps*

Lieblings-rezepte

BACKEN KANN EINSCHÜCHTERND SEIN,
insbesondere dann, wenn man alles selbst machen möchte. Natürlich können Sie Cupcake-Mischungen und Fertigglasuren verwenden, aber ich hoffe, dass die Rezepte Sie inspirieren werden, es auch selbst zu versuchen. Mir ist es sehr wichtig, qualtitativ hochwertige, frische und – wenn möglich – aus der Gegend stammende Produkte zu verwenden. Im Anschluss finden Sie einige essenzielle, aber einfache Rezepte, die täglich in meinem Café zum Einsatz kommen. Probieren Sie auf jeden Fall unsere Schweizer Meringue-Buttercreme. Sie ist leicht, luftig und nicht zu süß. Guten Appetit!

Schweizer Meringue-Buttercreme

Schweizer Meringue ist eine klassische Buttercreme zum Überziehen von Cupcakes. Sie ist meine Standardbuttercreme und sollte in allen Kursen verwendet werden, außer es wird extra darauf hingewiesen. Ich habe das Verhältnis der Zutaten zwar über die Jahre optimiert, aber ich verwende diese Buttercreme bereits seit meiner ersten Stelle in einer Konditorei in Chicago. Der Inhaber verzierte damals die Hochzeitstorten mit dieser Buttercreme, was sehr selten vorkommt. Sie ist nicht so stabil wie italienische Meringue, schmeckt aber großartig. Sie ist leicht, nicht zu süß und sehr leicht herzustellen. Es ist bis heute die einzige Buttercreme, die ich verwende, und ich habe viele Kunden, die mir sagen: „Das ist der beste Zuckerguss, den ich je probiert habe!" Die Meringue muss zum Verzehr Raumtemperatur haben, da sie hart wie Butter wird, wenn man sie kühlt. Aber die Buttercreme kann auch wie Butter schmelzen. Darum ist es wichtig, dass Sie Ihre Cupcakes vor Transporten oder an heißen Tagen kühlen.

240 ml Eiweiß

300 g Zucker

450 g weiche Butter, in 5 cm große Stücke geschnitten

1 TL Vanilleextrakt

1. Verquirlen Sie Eiweiß und Zucker in einer großen, hitzebeständigen Schüssel im Wasserbad, bis sich der Zucker auflöst (bei ca. 60 °C). Achten Sie darauf, die Masse konstant zu schlagen, sonst beginnt das Eiweiß zu stocken.
2. Schlagen Sie nun die Masse mit einem Handmixer steif.
3. Geben Sie Stück für Stück die weiche Butter hinzu, dann das Vanilleextrakt. Kratzen Sie die Seiten der Schüssel zwischendurch immer wieder ab und mixen Sie alles bei mittlerer Geschwindigkeit, bis sich die Buttercreme bindet.
4. Die Buttercreme kann in einem luftdichten Behälter bis zu 1 Woche im Kühlschrank und sogar bis zu 3 Monate im Gefrierschrank aufbewahrt werden.

Reicht für etwa 12 Cupcakes.

Tipps

- Die Buttercreme kann anfangs so aussehen, als würde sie sich nicht binden, bevor sie eine weiche, glänzende Konsistenz erhält. Man kann die Buttercreme nicht zu viel mixen. Vermengen Sie sie einfach so lange, bis sie glatt wird.
- Falls Sie noch Butterklumpen sehen, war die Butter zu kalt. Stellen Sie die Schüssel dann für einen Moment ins Wasserbad und rühren Sie erneut um. Wenn Ihre Buttercreme zwar glatt aussieht, aber sehr flüssig ist, dann ist sie zu warm. Kühlen Sie die Schüssel 5–10 Minuten und mischen Sie sie noch einmal kurz durch.

Frischkäse-Buttercreme

Dies ist ein köstlicher Zuckerguss, der für Möhrenkuchen und Roten Samtkuchen verwendet wird. Er ist nicht zu süß und sehr lecker und würzig.

225 g weicher Frischkäse

225 g weiche Butter

1 TL Vanilleextrakt

270 g gesiebter Puderzucker

1. Geben Sie den Frischkäse in eine große Schüssel und schlagen Sie ihn mit dem Handmixer, bis er weich ist.
2. Fügen Sie langsam die Butter hinzu, bis die Masse vollständig vermengt ist. Wenn nötig, kratzen Sie die Seiten der Schüssel ab.
3. Geben Sie nun die Vanille hinzu und lassen Sie anschließend den Puderzucker hineinrieseln. Sobald der gesamte Zucker in der Schüssel ist, erhöhen Sie die Geschwindigkeit und schlagen die Masse, bis sie ganz glatt ist.
4. Die Buttercreme kann bis zu 1 Woche im Kühlschrank aufbewahrt werden.

Reicht für etwa 12 Cupcakes.

Fruchtglasur

Dies ist eine schöne, natürliche Glasur für Cupcakes. Als Zutaten verwende ich nur saisonales Obst, außerdem stellen wir in unserer Konditorei alle Fruchtpürees selbst her. Pürieren Sie das Obst im Mixer (eine Mischung verschiedener Obstsorten ist auch köstlich). Dann kochen Sie es mit etwas Zucker auf, sodass es andickt und sich die Flüssigkeit reduziert. Frieren Sie das Püree in kleinen Portionen ein, dann haben Sie immer etwas vorrätig, wenn Sie die Glasur herstellen möchten.

340 g Puderzucker

60–80 ml Obstpüree (Himbeere, Erdbeere, Orange etc).

1. Geben Sie alle Zutaten in eine große Schüssel.
2. Schlagen Sie die Masse auf niedriger Stufe, bis der Puderzucker anfängt, sich mit der Obstmasse zu vermischen. Wenn Sie einen Handmixer verwenden, erhöhen Sie die Geschwindigkeit nun. Rühren Sie weiter, bis der Zuckerguss glatt und glänzend ist. Geben Sie je nach Bedarf mehr oder weniger Püree hinzu, um die für das Glasieren der Cupcakes benötigte Konsistenz zu erreichen.

Ergibt 470 ml.

Ganache

Die reichhaltige und sehr cremige Ganache ist ein Basisrezept für alle Bäcker und Konditoren. Sie ist vielseitig einsetzbar und kann – je nach Konsistenz – geschlagen, gespritzt, gegossen oder geformt werden. Sparen Sie nicht an der Schokolade – nur hochwertige Schokolade wird zu einer richtig köstlichen Ganache.

240 ml Doppelrahm (Crème Double)

230 g gehackte dunkle oder Zartbitterschokolade

1 Prise Salz

1. Erhitzen Sie den Doppelrahm, bis er köchelt und an den Rändern Bläschen aufsteigen.
2. Geben Sie die gehackte Schokolade in eine große Schüssel – eine rostfreie Edelstahlschüssel ist ideal. Gießen Sie den heißen Doppelrahm über die Schokolade. Decken Sie die Schüssel 3–5 Minuten mit Frischhaltefolie ab, bis die Schokolade schmilzt. Fügen Sie anschließend das Salz hinzu.
3. Verquirlen Sie die Masse, damit Sie sich vollständig vermengt. Sollten immer noch Schokoladenstückchen darin sein, wärmen Sie die Masse im Wasserbad auf.
4. Lassen Sie die Ganache abkühlen.
5. Drücken Sie 1 Stück Frischhaltefolie auf die Ganache, damit sich keine Haut auf der Oberfläche bildet. Die Ganache kann nun bis zu 2 Tage bei Zimmertemperatur aufbewahrt werden (im Kühlschrank hält sie länger).

Ergibt 425 ml.

Tipp

Eine Ganache kann gut mit verschiedenen Aromen verfeinert werden. Geben Sie Kräuter wie Lavendel oder Minze zum Doppelrahm und filtern Sie die Kräuter heraus, bevor Sie ihn zur Schokolade geben. Sie können auch Aromen zur bereits fertigen Ganache geben, wie z. B. Liköre, Instant-Espresso, Extrakte und Obstpüree.

Royal Icing

Royal Icing (Eiweißspritzglasur) lässt sich leicht herstellen und ist für Verzierungen, die hart werden sollen, unverzichtbar. Sie ist die einzige Glasur, die ich für Zuckerkekse verwende, damit sie schön glänzend werden. Ich erwähne in den einzelnen Kursen explizit, welche Konsistenz das Royal Icing haben soll. Eine Konsistenz, bei der die Spitzen fest sind, benötigen Sie, wenn Sie sehr detailreich mit dem Spritzbeutel arbeiten wollen oder wenn Sie Blumen aufspritzen. Mit einer mittelfesten Konsistenz lassen sich gut Konturen und einfache Verzierungen aufspritzen. Eine Konsistenz, bei der keine Spitzen stehen bleiben, ist am besten zum Ausfüllen von Konturen und für Zuckerkekse geeignet.

3 Eiweiß

560 g Puderzucker

1 EL Wasser

1. Geben Sie alle Zutaten in eine große Schüssel. Schlagen Sie die Masse mit der Hand oder einem Handmixer auf niedriger Stufe, bis der Puderzucker anfängt, sich unterzumischen. Wenn Sie einen Handmixer verwenden, schalten Sie nun auf mittlere Geschwindigkeit hoch. Mixen Sie die Masse weiter, bis der Zuckerguss glatt und glänzend ist. Das dauert etwa 3 Minuten.

2. Passen Sie die Menge Zucker oder Wasser jeweils an, um die gewünschte Konsistenz zu erhalten.

Ergibt 470 ml.

Schokoladen-Cupcakes

360 g Mehl

1 TL Backpulver

1 TL Natron

1 TL Salz

210 g dunkles Kakaopulver

180 ml heißes Wasser

400 g Zucker

4 Eier

350 ml Rapsöl

1 EL Vanilleextrakt

240 ml Buttermilch

1. Heizen Sie den Ofen auf 180 °C vor.

2. Sieben Sie Mehl, Backpulver, Natron und Salz in eine mittelgroße Schüssel.

3. Vermengen Sie in einer kleinen Schüssel das heiße Wasser mit dem Kakaopulver, bis keine Klumpen mehr übrig sind.

4. In einer großen Rührschüssel wird nun der Zucker mit den Eiern per Hand oder mit dem Handmixer verrührt. Geben Sie anschließend Öl und das Vanilleextrakt hinzu.

5. Unter ständigem Rühren auch den Kakao hinzufügen.

6. Danach folgt die Hälfte der Mehlmischung, dann die Buttermilch und zum Schluss der Rest des Mehls. Alles gut verrühren.

7. Verteilen Sie den Teig in Cupcake-Papierförmchen und backen Sie die Cupcakes 16–20 Minuten.

Ergibt 35–40 Cupcakes

Schokoladenkuchen ohne Mehl

Ein Schokoladenkuchen ohne Mehl ist das ultimative Dessert für Schokoladenliebhaber. Außerdem gibt es unzählige Möglichkeiten, den fertigen Kuchen zu verzieren. Wenn Sie sich nicht an das Glasieren mit Ganache herantrauen, bestäuben Sie die Cupcakes ganz einfach mit Puderzucker und beträufeln Sie sie zum Schluss mit der Ganache.

450 g gehackte Zartbitterschokolade

230 g Butter

1 EL Vanilleextrakt

8 Eier

50 g Zucker

1 TL Salz

1. Heizen Sie den Ofen auf 150 °C vor.

2. Schmelzen Sie die Schokolade und die Butter im Wasserbad und rühren Sie das Vanilleextrakt hinein. Lassen Sie die Masse etwas abkühlen.

3. Schlagen Sie die Eier, den Zucker und das Salz mit dem Handmixer auf höchster Stufe, sodass sich das Volumen verdoppelt. Das dauert etwa 5 Minuten.

4. Heben Sie mit einem Palettenmesser ein Drittel der Eiermasse unter die Schokolade, bis die Eier beinahe vollständig eingebunden sind. Dann folgt ein weiteres Drittel der Eiermasse, zum Schluss der Rest, bis der Teig komplett vermengt ist.

5. Detaillierte Hinweise für das Backen von kleinere Kuchen finden Sie in Kurs 50 ab Seite 124. Um einen größeren Kuchen zu machen, legen Sie den Boden einer Springform (Ø 20–23 cm) mit Backpapier aus. Füllen Sie den Teig ein und klopfen Sie mit der Form leicht auf die Arbeitsplatte, um eine glatte Oberfläche zu erhalten. Wickeln Sie den Boden der Form in Alufolie, sodass kein Wasser hineingelangt. Stellen Sie die Form in ein tiefes Backblech und gießen Sie heißes Wasser auf das Blech. Backen Sie den Kuchen so lange, bis er etwas aufgegangen ist und die Mitte fast fest ist, ähnlich wie bei einem Käsekuchen. Das dauert ca. 20–25 Minuten für Cupcakes und für eine

Springform 25–30 Minuten (Ø 20 cm) bzw. 18–20 Minuten (Ø 23 cm).

6. Nehmen Sie die Backform aus dem Wasserbad und lassen Sie sie abkühlen. Decken Sie die Form anschließend ab und stellen Sie sie 4–6 Stunden in den Kühlschrank, bevor sie den Kuchen aus der Form lösen. Gekühlt hält er sich 3 Tage.

Ergibt etwa 12 Cupcakes oder Soufflé-Förmchen bzw. 1 großen Kuchen.

Vanille-Käsekuchen

Ich verwende dieses Rezept sowohl für Käsekuchen-Cupcakes als auch für einen normal großen Käsekuchen. Der Teig hat eine schöne cremige Konsistenz und funktioniert wunderbar für die Zitronen-Himbeer-Cupcakes auf Seite 139. Geben Sie vor dem Backen ein paar Gramm geschmolzene Schokolade zum Teig und überziehen Sie die fertigen Törtchen mit Ganache, anstelle von Zitronenquark, um Schokoladen-Käsekuchen-Cupcakes herzustellen.

12 Kekse Ihrer Wahl für den Boden

450 g Frischkäse in Raumtemperatur

200 g Zucker

3 Eier

1 TL Vanilleextrakt

60 ml Doppelrahm (Crème Double)

1. Heizen Sie den Ofen auf 170 °C vor. Legen Sie die Förmchen in die Cupcake-Form und geben Sie 1 Keks für den Boden hinzu.

2. Verrühren Sie den Frischkäse und den Zucker zu einer glatten Masse, bis der Teig keine Klumpen mehr hat.

3. Geben Sie ein Ei nach dem anderen hinzu, kratzen Sie dabei die Ränder der Schüssel ab.

4. Geben Sie das Vanilleextrakt und den Doppelrahm dazu und verrühren Sie alles.

5. Füllen Sie den Teig in die Papierförmchen und backen Sie die Cupcakes 18–20 Minuten.

Ergibt etwa 12 Cupcakes.

Vanille-Cupcakes

Dieses Rezept für köstlich feuchte Cupcakes kann an eine Vielzahl von Geschmacksrichtungen angepasst werden. Rühren Sie die gewünschten Zutaten einfach vor dem Backen in den Teig. Für Zitronen-Cupcakes benötigen Sie beispielsweise Zitronenschale und Zitronensaft, für Kokos-Cupcakes hingegen Kokosflocken. Orangenschale schmeckt sehr erfrischend und eignet sich deshalb ebenfalls gut als Aroma. Bestreichen Sie die Oberfläche nach dem Backen mit aromatisiertem Sirup oder füllen Sie die gebackenen Vanille-Cupcakes mit Marmelade, Zitronenquark oder Konditorcreme. Es gibt unzählige Möglichkeiten und alle sind köstlich!

190 g Kuchenmehl oder normales Mehl

½ TL Backpulver

¼ TL Natron

½ TL Salz

170 g Butter in Raumtemperatur

200 g Zucker

3 Eier

1 TL Vanilleextrakt

120 ml Buttermilch

1. Heizen Sie den Ofen auf 180 °C vor.
2. Sieben Sie Mehl, Backpulver, Natron und Salz in eine mittelgroße Schüssel und stellen Sie diese anschließend zur Seite.
3. Verrühren Sie die Butter und den Zucker mit dem Handmixer in einer anderen Schüssel für etwa 3 Minuten, bis die Mischung schön locker ist. Kratzen Sie die Schüsselränder sauber, wenn sich die Zutaten dort absetzen.
4. Geben Sie bei niedriger Rührgeschwindigkeit ein Ei nach dem anderen hinzu und kratzen Sie zwischendurch immer wieder die Schüsselränder sauber. Fügen Sie dann das Vanilleextrakt hinzu.
5. Nun folgt die Hälfte der Mehlmischung, dann die Buttermilch und zum Schluss der Rest des Mehls. Alles gut verrühren.
6. Verteilen Sie den Teig auf die Papierförmchen und backen Sie

die Cupcakes anschließend 15–20 Minuten.

Ergibt 18–20 Cupcakes.

Weiße Schokoladentrüffel

Schokoladentrüffel sehen extravagant aus, weshalb der ein oder andere vor der Herstellung zurückschrecken wird. Das muss aber nicht sein! Es kann sich schwierig gestalten, die Trüffel in flüssige Schokolade zu tauchen, deshalb wälze ich sie in Kokosflocken (um beispielsweise kleine Schoko-Schneemänner herzustellen). Es gibt jedoch auch andere Varianten, die leicht zu handhaben sind: Wälzen Sie die Trüffel z. B. in gehakten Nüssen, Kakaopulver, Streuseln oder Schokoraspeln. Wenn Sie auf die Kokosflocken verzichten möchten, geben Sie etwas Likör hinzu, um sie zu aromatisieren.

60 ml Doppelrahm (Crème Double)

225 g qualitativ hochwertige, fein gehackte weiße Schokolade

25 g Kokosflocken

1. Bringen Sie den Doppelrahm in einem kleinen Topf zum Köcheln.
2. Nehmen Sie den Topf vom Herd, rühren Sie die Schokolade unter und verquirlen Sie die Masse, bis sie weich ist.
3. Füllen Sie die Mischung in eine Schüssel um und rühren Sie die Kokosflocken unter.
4. Stellen Sie die Masse in den Kühlschrank, bis sie fest genug zum Portionieren und Rollen ist.

Ergibt etwa 20 Trüffel (à 15 g).

Limettencreme (Lime Curd)

120 g Butter

1 Ei

6 Eigelb

200 g Zucker

Schale von 3 Limetten

80 ml Limettensaft

1 ½ EL Speisestärke, in kaltem Wasser aufgelöst

1. Schmelzen Sie die Butter in einem mittelgroßen Edelstahltopf auf niedriger Flamme und lassen Sie sie anschließend einige Minuten lang auskühlen.

2. Verrühren Sie in einer Schüssel Ei, Eigelb und Zucker.

3. Rühren Sie die Limettenschalen und den Saft unter.

4. Mischen Sie die Limettenmischung und die Speisestärker unter die geschmolzene Butter.

5. Erwärmen Sie die Masse auf niedriger Flamme und rühren Sie konstant mit einem hitzebeständigem Gummipfannenwender um.

6. Bringen Sie die Masse im Topf zum Kochen und lassen Sie sie 1 Minute lang kochen, während Sie weiter umrühren. Passieren Sie sie anschließend mit einem feinen Sieb, um die Schalen und möglicherweise gekochte Eierstückchen herauszufiltern. Kühlen Sie die Creme vor der weiteren Verarbeitung.

Tipp: Für Zitronencreme (Lemon Curd) ersetzen Sie einfach die Limettenschale und den Saft durch Zitrone.

Zuckerkekse

400 g Mehl

½ TL Salz

300 g Butter (Raumtemperatur)

200 g Kristallzucker

1 großes Ei

1 großes Eigelb

1 TL Vanilleextrakt

1. Heizen Sie den Ofen auf 180 °C vor.

2. Verquirlen Sie in einer mittelgroßen Schüssel das Mehl mit dem Salz.

3. Schlagen Sie in einer großen Schüssel die Butter und den Zucker mit einem Handmixer auf mittlerer Stufe cremig auf und kratzen Sie die Wände mit einem Palettenmesser ab, damit alle Klumpen geglättet werden.

4. Geben Sie Ei, Eigelb und Vanilleextrakt hinzu und verrühren Sie alles auf niedriger Stufe, während Sie immer wieder die Ränder abkratzen.

5. Fügen Sie langsam die Mehlmischung hinzu, bis eine glatte Masse entsteht.

6. Teilen Sie den Teig in zwei Kugeln, wickeln Sie diese in Frischhaltefolie ein und legen Sie sie in den Kühlschrank, bis sie fest sind (mindestens 1 Stunde). Der Teig kann schon 3–4 Tage im Voraus hergestellt oder bis zu 6 Monate eingefroren werden. Ungebackene, bereits ausgestochene Kekse können ebenfalls eingefroren werden.

7. Rollen Sie den Teig auf einer leicht mit Mehl bestäubten Fläche ca. 0,5 cm dick aus und stechen Sie anschließend mit Keksförmchen verschiedene Formen aus. Verteilen Sie die Kekse auf dem Backblech.

8. Backen Sie die Kekse, bis die Ränder goldbraun sind. Das dauert je nach Keksgröße ca. 10–15 Minuten. Lassen Sie die Kekse auf einem Gitter auskühlen und verzieren Sie die Kekse zum Schluss ganz nach Belieben.

Rice Krispie Treats

20 g Butter

250 g Marshmallows, alternativ Marshmallow Fluff

6 Tassen Rice Krispies, z. B. von Kelloggs

1. Die Butter in einen Topf geben und schmelzen lassen. Achten Sie darauf, dass sie nicht zu heiß wird.
2. Geben Sie die Marshmallows dazu und rühren Sie die Masse um, bis die Marshmallows geschmolzen sind.
3. Fügen Sie nun die Rice Krispies hinzu und verrühren Sie die Masse sorgfältig. Nehmen Sie den Topf vom Herd.
4. Verwenden Sie einen nassen Holzkochlöffel oder einen gut eingefetteten Löffel, um die Masse aus dem Topf zu lösen und zu portionieren.

Bezugsquellen

www.meincupcake.de

Kuvertüre (Candy Melts), Tortenplatten, Etageren, Lebensmittelfarben, Verpackungen

www.backtraum.eu

Papierförmchen, Blütenpaste, Farbpulver, Streudekor

tortendeko.de

Dekosets, Tortenstempel, Veiner, Ausstechformen

kdtorten.de

Papierförmchen, Spritzbeutel, Spritztüllen, Verpackungen, Blütenpaste, Tortendekor

www.mein-tortenladen.de

Silikonformen, Strukturmatten, Veiner, Ausstechformen

www.lakeland.de

Papierförmchen, Ausstechformen, Spritztüllen, Backzubehör

www.alleszumbacken.de

Tortendekor, Spritzbeutel, Spritztüllen, Lebensmittelfarbe als Paste

Über die Autorin

Bridget Cavanaugh Thibeault, Köchin und neben John Emerman und Tatyana Rehn Miteigentümerin der *Luna Bakery & Cafe* in Cleveland Heights, Ohio, begann ihre Karriere zunächst in der Werbung. Ihre Liebe zum Kochen und ihr Wunsch, sich kreativ auszudrücken, führte sie jedoch bald zu einer Kochschule, dem *Cooking & Hospitality Institute of Chicago,* wo sie auch ihren Abschluss machte.

Bridget zog im Anschluss nach New York, um dort als Foodstylistin sowohl im Print- als auch im TV-Bereich für verschiedene große Unternehmen zu arbeiten. In dieser Zeit gründete sie auch ihre Firma *Flour Girl* – zunächst nur als kreatives Nebenprojekt –, für die sie personalisierte Torten und Desserts herstellt. 2004 kehrte sie schließlich nach Chicago zurück, um als Culinary Director bei einer Beratungsfirma Rezepte und Speisekarten zu entwickeln, zu testen, zu schreiben, neue Produkte zu entwickeln und weiterhin als Foodstylistin zu arbeiten.

2006 zog es Bridget in ihre Heimatstadt Cleveland, da sie sich stärker ihrer expandierenden Firma *Flour Girl* widmen wollte – dies führte letztlich zu Ihrer Geschäftspartnerschaft mit John und Tatyana. 2011 eröffneten sie *Luna Bakery & Cafe,* in dem sie verschiedene Snacks vom Frühstück bis hin um Abendessen anbieten, wie zum Beispiel Crêpes, Salate, Paninis sowie Espresso und Kaffee aus der Region. Zu den Spezialitäten des Hauses gehören hausgemachtes Gebäck, Cupcakes und Hochzeitstorten. Um mehr über Luna zu erfahren, besuchen Sie www.lunabakerycafe.com

Danksagung

Ich möchte folgenden Personen danken:

Scott Mievogel vom Easywind Studio für die schönen Fotos.

Mary Ann Hall, Marla Stefanelli und allen anderen bei Quarry für diese tolle Chance.

Brynn Keefe für ihr kreatives Styling, Caitlin Reynolds für ihr geschicktes Arbeiten und Sarah Keller für ihre enthusiastische Unterstützung.

Meinen Partnern John Emerman und Tatyana Rehn dafür, dass sie mich dieses Projekt in die Tat umsetzen ließen – und zwar während des allerersten Geschäftsjahres unseres kleinen, florierenden Cafés –, und allen anderen von Luna für ihr Talent und ihre Hingabe.

Meinem wunderbaren Ehemann und Unterstützer, Marc, und Cavan, unserem bezauberndem Sohn, die mich beide während all der langen Arbeitstage immer wieder zum Lachen gebracht haben.